BIBLIOTECA

Franco Purini

Discorso sull'architettura

Cinque itinerari nell'arte del costruire

Marsilio

Prima edizione: gennaio 2022

ISBN 978-88-297-1378-3

www.marsilioeditori.it

Realizzazione editoriale: Rosalba Canale

ad Angelina

INTRODUZIONE

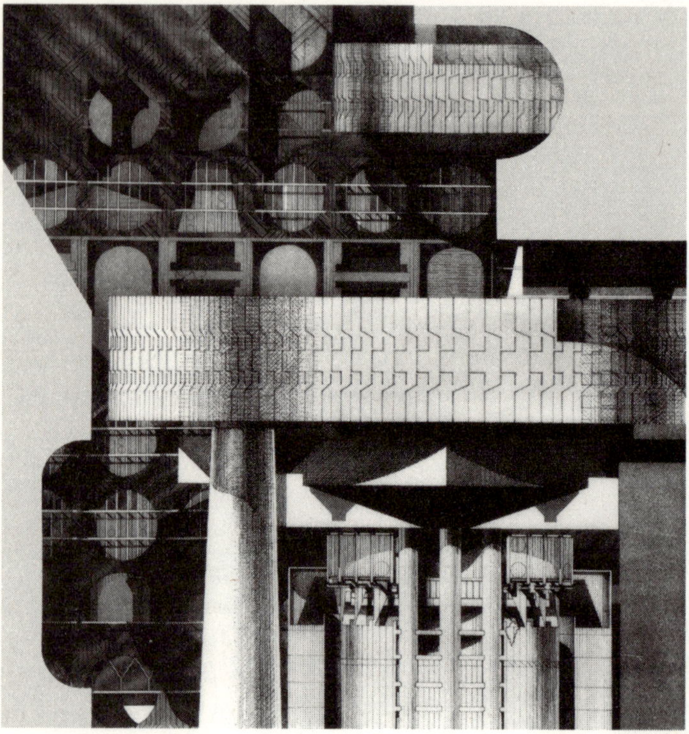

La Città Compatta, 1966

All'inizio dell'attività di un docente c'è sempre un lungo e articolato confronto tra le visioni personali relative al sapere che si è scelto e che si vuole comunicare e le molteplici conoscenze che costituiscono il vasto territorio della cultura. Visioni, quelle personali, che per un verso derivano dalle impressioni incancellabili che si sono avute sul mondo dall'età della ragione, da ciò che si è appreso dai genitori, da letture e anche dal caso, per l'altro sono delle interpretazioni del docente di quanto sul sapere relativo al suo mestiere hanno scritto saggisti, personalità di rilievo, storici e critici o di quanto è espresso in orientamenti contrastanti o parzialmente divergenti che sono sempre presenti in ogni epoca e nelle numerose tendenze moderne e contemporanee.

Ciò che ogni docente dovrebbe proporre ai suoi allievi è, quindi, il risultato di una meditata relazione tra le sue convinzioni personali e quelle esposte in libri o opere di alcune figure da lui ritenute più significative. Da questa relazione scaturisce una teoria che nel corso degli anni sarà verificata, ampliata, anche modificata, ma che deve restare sempre coerente con i suoi principi fondativi. A un certo punto della sua attività il docente non sarà più interessato a rendere sempre più solidi i principi che hanno ispirato il suo lavoro e trasformerà le sue lezioni, per loro natura assertive, anche se non impositive, in *conversazioni* più aperte, in certi punti erratiche, policentriche e anche casuali, tese non tanto a risolvere subito dilemmi concettuali quanto, prima di tutto, a rilevarne l'esistenza. Inoltre, le conversazioni non solo sono avventure sperimentali più che affermazioni definitive, ma equivalgono anche a vere e proprie dichiarazioni di poetica nelle quali il narratore mette alla prova di chi lo sta ascoltando il suo pensiero e il linguaggio che ne discende.

Il passaggio da lezione a conversazione non fa però venire meno la necessità che si continui a considerare la propria posizione nel quadro delle tendenze, molto numerose, presenti nell'architettura, oggi largamente globalizzata, né spinge a rinunciare alle proprie idee. Dopo qualche decennio di studi, di esperienze progettuali e costruttive, di esercizi sul disegno, di incontri, di convegni, di concordanze o di conflitti con altri orientamenti, il campo di interessi di un architetto non si riduce, ma diventa sempre più vasto, alla ricerca di quadri problematici per quanto possibile sperimentali, rivolti soprattutto al futuro, l'esito di avventure mentali meno limitate dalle preoccupazioni di non uscire dal proprio perimetro ideale.

L'architettura globale riguarda una serie di nuovi fenomeni urbani e architettonici di grande e crescente risonanza, i quali hanno prodotto nuove condizioni teoriche e operative. Condizioni che hanno modificato in modo irreversibile le basi dell'architettura moderna, peraltro già soggette dalla seconda metà del Novecento fino all'inizio del nuovo secolo a notevoli revisioni. Esse hanno avuto e avranno conseguenze sempre più importanti.

L'attuale globalizzazione è, come spesso accade nell'evoluzione dei sistemi sociali, produttivi e culturali, caratterizzata da una rilevante dualità. Per un verso essa possiede infatti una straordinaria energia vitale; per l'altro tale energia produce, oltre a esiti di sicuro interesse, anche numerosi e consistenti risultati negativi. Nei primi vent'anni del XXI secolo l'architettura ha senza dubbio dato vita a interventi sul territorio e sulla città e a edifici di notevole qualità, però ha smarrito i suoi contenuti più profondi, finendo con l'abbandonare le sue più autentiche e durevoli finalità. Da quando esistono le comunità umane, l'architettura è la rappresentazione fisica della nostra esistenza in tutta la sua estensione e nel mistero che l'accompagna. Si tratta di una rappresentazione molteplice e insieme unica nella quale, come accade anche alla letteratura, alle arti figurative, al cinema, al teatro, alla musica, la memoria si apre verso il futuro.

I cinque percorsi che compongono questo volume sono nel loro insieme un tentativo di restituire oggi all'architettura la sua natura di magica «scrittura terrestre», in questo periodo messa in ombra da intenzioni superficiali e temporanee. Al centro di questi itinerari c'è la ricerca sui principi primi del costruire, vale a dire ciò che si configura, nel corso dei millenni, come un sistema di concetti invarianti, un limitato numero di convinzioni permanenti. Ciò implica che l'architettura ha sempre confermato, in ogni momento, la sua essenza nativa, i suoi contenuti primari, i frammenti di verità che essa afferma, il senso profondo e immutabile del proprio linguaggio.

La sua evoluzione attraverso lessici diversi non modifica o trasforma radicalmente la sua *ratio*, la parola con la quale Vitruvio nomina l'immutabile consistenza dell'atto architettonico nel pensiero e nell'operare che ne discende. Un'identità che dal remoto riferimento alla natura è passata progressivamente a una sua rappresentazione artificiale. Tale «ragione istitutiva» è sempre quella espressa dalle caverne, dalle tende, dalle capanne, le prime architetture, le madri di tutti gli edifici che in ogni stagione della nostra storia l'hanno coscientemente o inconsapevolmente compresa e rappresentata. Questa identità va aggiunta a quella, costante, che si fonda sull'assoluta permanenza del ruolo e del senso del costruire, un lato misterioso che rende la ragione istitutiva ancora più solida.

Il primo ambito della *ratio* è quello costruttivo e utilitario; il secondo è il significato intellettuale di un'architettura, la sua logica compositiva e il messaggio che invia; il terzo è la sublimazione spirituale dell'edificio, il suo essere una *sintesi cosmica* che è per noi sempre inaccessibile, indicibile, e inspiegabile, anche se è l'esito di un nostro progetto meditato a lungo e articolato nelle sue scelte. Lo spirituale nell'architettura si avverte nella forma, vale a dire la bellezza, la *venustas* vitruviana, che ha la magica capacità di rinnovarsi epoca dopo epoca restando sempre attuale. Non si riesce a comprendere completamente come ciò accada, è possibile solo constatare la presenza di questa ripetuta «trasmutazione alchemica».

La maggioranza degli architetti ritiene invece che l'architettura sia costituzionalmente diversa da un periodo all'altro, come se non smettesse mai di *rifondarsi* secondo nuove categorie. Questa concezione evolutiva del costruire è solo apparentemente vera. È indubbio che una cattedrale gotica è molto diversa da una chiesa moderna ma, in un'astrazione corretta e doverosa, i due tipi di edificio sacro dichiarano la stessa cosa. Entrambi esprimono una finalità trascendente attraverso lo spazio, nel suo essere sia interno sia esterno; la luce, con il suo potere di trasfigurare ciò che vediamo; i materiali, con le loro differenze visivo-tattili. Tutto ciò conferisce agli esseri umani una superiore coscienza di sé.

L'architettura è dunque duplice. Per un verso il suo carattere nativo è costante, rendendosi evidente se e quando lo si vuole riconoscere, capace di trasformare la concretezza di una costruzione in un «diagramma incorporeo» che ci eleva fino alla sfera spirituale. Per l'altro è una catena di stili diversi che nascono successivamente l'uno dall'altro sia dal punto di vista compositivo sia da quello tecnico. Non è difficile vivere e comprendere questo secondo aspetto, lo è invece scoprire in un edificio ciò che sembra nascosto, ma che si rivela nella sua presenza se si vuole andare oltre lo sguardo per confrontarsi con i principi primi del costruire.

Infine, circa il tema della durata, non tutte le architetture diventeranno un rudere. Un certo numero di edifici sarà tenuto in vita da restauri ciclici, alcuni spariranno del tutto, altri verranno distrutti da eventi bellici o naturali, altri saranno demoliti o sostituiti da nuovi manufatti. Le rovine, per esempio i resti romani di architetture come gli acquedotti o il Colosseo, o alcuni edifici di quell'epoca che sono giunti fino a noi pressoché intatti, come il Pantheon, sono altro dagli accumuli di detriti che prima erano organizzati nella costruzione, secondo ordinamenti tettonici o architettonici. Anche nel caso in cui un edificio trovi la sua fine troppo presto, la sua durata, improvvisamente interrotta, è stata già espressa come un suo aspetto intrinseco. Ogni architettura, se è un'opera d'arte, è concepita infatti come qualcosa – si pensi ai quadri, alle sculture, alle composizioni musicali – la cui esistenza si immagina continua nel tempo, idealmente eterna, come fosse un *brano di natura*, l'emblema di un radicamento nel mondo e nella storia umana che non avrà mai interruzioni.

DISCORSO SULL'ARCHITETTURA

ORIGINE E INIZIO

Parete, 1976

IL GRADO ZERO DELL'ARCHITETTURA

Nei primi anni del Novecento l'azione delle avanguardie ebbe come requisito essenziale una decisa rottura con tutto ciò che le aveva precedute. Era la prima volta che alle arti, compresa l'architettura, si negava una continuità con il passato, teorizzando una nascita del «nuovo» che fosse privo di legami con quanto stabilito e realizzato fino ad allora dai linguaggi artistici. Walter Gropius bandì la storia dalla sua Bauhaus proprio per affermare la radicale estraneità nei confronti della tradizione architettonica della nuova visione – peraltro di grandissima importanza – che la sua scuola intendeva diffondere.

Voglio ricordare che l'Umanesimo non ignorò il Medioevo, ma si sostituì consapevolmente a esso, così come il Rinascimento definì se stesso a partire da un'interpretazione complessa, seppure incompleta, dell'antico. Gli architetti dell'età del Barocco – basti citare Gian Lorenzo Bernini – pensavano di continuare l'architettura del Cinquecento, mentre due secoli più tardi i neoclassici furono chiamati così dopo che le loro opere erano divenute famose. Sono convinto che essere diversi da qualcosa significa infatti considerare questo qualcosa come un paradigma da superare, il che porta a riconoscere in tale entità una categoria che non si può ignorare, molto più importante e duratura di quanto si pensi. La drammatica rottura tra le avanguardie e il passato fu quindi una vistosa contraddizione.

Tale contraddizione ha attraversato tutto il Novecento, toccando il culmine con il Postmodernismo, l'orientamento, durato un decennio, in cui la storia riaffermò un ruolo trainante. In quel periodo, infatti, si tornò a credere che la storia dell'architettura si configurasse come il vero «nuovo», una concezione che sarebbe stata ribaltata ancora una volta dal Decostruttivismo, un insieme di ricerche i cui protagonisti furono celebrati in una mostra dal successo planetario al MOMA, organizzata nel 1988 da Philip Johnson – che per inciso era stato un fervente postmodernista – e da Mark Wigley.

Il Novecento e il primo ventennio del nuovo millennio hanno dimostrato che, nel dibattito sul costruire, almeno in Occidente, l'alternanza tra le varie avanguardie e i conseguenti ritorni all'ordine è stata una costante, materializzatasi nella dialettica fra tradizione e innovazione, presente, anche se con gradazioni diverse, in tutte le culture architettoniche.

All'interno di questa dialettica è possibile individuare un'invariante nell'idea del «primitivo» in quanto luogo nativo di ogni comporre consapevole, profondo, necessario. Questo ambito comprende forme espressive non ancora compiute, nelle quali l'energia primaria di un'idea architettonica non si consuma del tutto alla ricerca del pieno contenuto dell'opera, ma rimane ancora in parte integra, promettendo ulteriori sviluppi.

Il primitivo è anche uno spazio della verità delle cose, una verità parziale ma immediatamente evidente, non il risultato di un'evoluzione, ma qualcosa che esiste in sé. Credo che «il grado zero della scrittura», secondo la definizione data da Roland Barthes, coincida in larga misura con ciò che ho appena detto. Comporre l'architettura dovrebbe consistere quindi in un agire nel quale la distanza tra la grammatica e la sintassi si riduca sempre di più, fin quasi a sovrapporre le due basi di ogni scrittura. La «parola» coinciderebbe così con la «lingua». In questo modo il processo compositivo non presenterebbe una serie di fasi, cosa che lo storicizzerebbe, togliendogli immediatezza creativa, ma si risolverebbe nella semplice eppure fondamentale «enunciazione di un tema».

In altre parole, tale momento si configura come l'apparizione della forma, un'autoannunciazione caratterizzata da un'assoluta iconicità. Essa ci appartiene perché la riconosciamo istantaneamente, ma al contempo ci disloca, attraverso un misterioso straniamento, in un territorio ideale che rinvia all'aggettivo lecorbusieriano «indicibile». Cogliere e rappresentare, senza prolungarlo, il momento aurorale dell'idea formale, in cui ogni aspetto del costruire è incluso e insieme trasceso, è dunque il compito dell'architetto, un luogo nativo, come ho già detto, ma al contempo la sintesi in cui tutto si unifica.

UNA GRAMMATICA CHE NON SI APPRENDE

Il grado zero non è l'unica categoria presente in questa ricognizione sul comporre nel suo rapporto con il nuovo. Assieme alla storia anche la memoria, da sempre cara a Paolo Portoghesi, si è progressivamente attenuata nell'architettura attuale, fino quasi a scomparire. Mi viene in mente l'opera scultorea di Antonio Canova, nella quale il ricordo della statuaria greca, magistralmente ricreata nei suoi contenuti da Johann Joachim Winckelmann, si fa riferimento vivente che si risolve nel ricreare la stessa idea di forma plastica.

Dissolta la memoria, c'è un luogo teorico che ritengo fondamentale, indagato dal linguista Noam Chomsky: il concetto di «grammatica generativo-trasformazionale». Il sistema di elementi che costituisce tale grammatica non si apprende, ma diventa operante quando ci si rende conto della sua presenza. Lo studioso statunitense sostiene che l'essere umano non impara i linguaggi, ma li attiva a un certo momento della sua esistenza. Ciò comporta che l'immaginario di un architetto viene alla luce quando inizia a studiare, per esempio, le piante del Colosseo o la sezione di un edificio di Le Corbusier. In sintesi non scopro le cose, ma mi accorgo di averle già intuite.

Condividere la teoria chomskiana ha come corollario un allontanamento dalla storia in quanto entità esterna all'individuo. La storia è infatti iscritta nell'identità umana, come un patrimonio che può affiorare alla coscienza quando si vuole. L'eclisse della storia ci riporta quindi al Primitivismo come una stagione in cui le cose sono nate come provenienti dal nulla. Mi si affacciano alla mente i ritratti di Amedeo Modigliani, le sculture arcaiche e attualissime di Constantin Brâncuşi, le tele di Pablo Picasso, opere destabilizzanti e trasversali che nelle loro forme sorprendenti, e per certi versi oscure, mi ricordano Rainer Maria Rilke, secondo il quale «il bello non è che il tremendo al suo inizio».

Queste poche parole ci fanno comprendere molto bene come la bellezza provochi, prima ancora di un apprezzamento intellettuale e spirituale, estraneità e instabilità. Quando guardo i quadri del primo periodo metafisico di Giorgio De Chirico provo un sentimento di timore, avverto un'inquietante assenza-presenza, il respiro meridiano di Pan, che suscita in me una paura ancestrale. La vicinanza di Pan è nello stesso tempo seducente e terrificante, circoscritta e vasta. Essa evoca una caduta, un perdersi. Non a caso la pittura dechirichiana ha le sue radici in Grecia, a Volos, la città sormontata dal monte Pelio, il monte di Achille, punteggiato dai platani. A mezzogiorno la loro ombra sparisce nella verticalità della luce. Il Pelio diventa dorato. Il riferimento alla luce mi ricorda la definizione di bellezza data da san Tommaso d'Aquino sulla base del «veritatis splendor», splendore della verità, di cui parla sant'Agostino. La bellezza è dunque ciò che emana da qualcosa che è vero, cioè da qualcosa che non solo esiste, ma la cui esistenza è necessaria, assoluta, infinita e senza tempo. Chiudo questo aspetto della *venustas* con le parole illuminanti di Stendhal, secondo cui la bellezza «non è altro che una promessa di felicità».

Quanto ho detto finora è in forte contrasto con la situazione attuale dell'architettura. Le mie considerazioni sono per questo una forma di resistenza alla probabile fine del costruire inteso come qualcosa che riguarda l'esistenza umana, di cui il costruire stesso è testimonianza concreta e insieme ideale.

Gli ambiti che identificano il costruire nell'età della globalizzazione sono: il trionfante neofunzionalismo; il predominio della tecnologia, non più strumento ma fine; il digitale, divenuto una nuova religione con i suoi culti, a cui aderire con una fede cieca; una mediatizzazione dell'architettura nella quale il valore di un'opera è quello della comunicazione che attiva e non ciò che essa è nel suo costruirsi come un elemento centrale nel paesaggio e nella città; la soggezione alle mode; l'idea del linguaggio architettonico come un mosaico di frammenti di scritture diverse e a volte opposte, un vuoto, insignificante esperanto; la sostituzione della forma sia con l'eleganza invece della bellezza, sia con il risultato di sperimentazioni rivolte a un'immagine che deve essere diversa da ogni altra, che rinnega l'esistenza stessa di un linguaggio architettonico; la frammentazione dell'architettura in settori prima convergenti in un'unità tematica, in saperi specialistici che da tempo hanno rivendicato una loro autonomia, riducendo l'architettura stessa a un difficile confronto di specialismi.

Riflettere su ciò che unisce e insieme divide l'origine e l'inizio è per me la ricerca di un superamento di questa stagione instabile, pervasa da entusiastici protagonismi, divisa in una pluralità sempre più grande di orientamenti per riaffermare che l'architettura è un'espressione compiuta, il risultato armonico e organico di una fusione creativa dei suoi aspetti che, per inciso, non sono numerosi. Essa non è la conseguenza di un dialogo interdisciplinare, come era implicito nelle formulazioni strumentali dell'architettura moderna, ma la sintesi, in un linguaggio autonomo, di scelte senz'altro ispirate anche dalla conoscenza, da parte dell'architetto, di dati e nozioni ripresi da altri saperi, che non devono però dare luogo a meccaniche sommatorie di singoli problemi, ma trasformarsi in conoscenze traducibili in temi compositivi.

I concetti di origine e inizio sono di solito intesi e usati come sinonimi. In realtà tra i due termini c'è una differenza sottile ma determinante. La parola «origine», che rinvia al sorgere del sole, come «oriente», riguarda il momento nel quale si forma nella nostra mente l'embrione di un'immagine. Si tratta della fase nativa di un'intuizione architettonica, una configurazione primaria in cui sono già presenti i caratteri dell'opera futura. «Inizio», dal verbo latino *inire*, significa invece «mettersi in cammino», cominciare un percorso. In architettura con questa parola si designa il partire dalla configurazione primaria per svilupparla.

Da qui la scelta molto importante tra due strategie: ridurre al minimo il percorso compositivo per mantenere in vita il momento aurorale dell'idea, fissandolo per sempre nell'opera, o dare il via a un'elaborazione del pensiero originario in una successione di sue formulazioni che può essere, e spesso è, lunga e faticosa.

In tutti gli edifici c'è traccia di questo dilemma. Quando John Soane progettò la Bank of England a Londra, chiese al suo collaboratore Joseph Michael Gandy, uno straordinario disegnatore, di rappresentare come un rudere l'edificio, prima ancora che si procedesse a realizzarlo. In effetti, in un'architettura che ha appena iniziato a sollevarsi dalle fondamenta esiste una fase in cui viene anticipato l'aspetto che avrà quando sarà ridotta, esaurita la sua vita, a una rovina. Se si osservano i magnifici disegni dal vero di Maarten van Heemskerck che ci mostrano la basilica di San Pietro in costruzione, si può constatare come la grande fabbrica michelangiolesca somigli a un poderoso rudere, ai resti monumentali delle Terme romane.

Il fantasma del rudere nelle prime fasi della realizzazione di un edificio ci ricorda quanto sia importante che l'architetto decida se sia necessario non alterare troppo l'immagine nativa o intraprendere un processo compositivo che finirà per ridurre notevolmente, e spesso cancellare, quella configurazione primaria. Ciò significa che dall'origine bisogna senza dubbio passare all'inizio, ma l'itinerario formativo dell'opera va interrotto subito dopo se si vuole mantenere l'*energia formale* – un'energia totale – come espressione durevole di un'architettura che deve possedere, secondo me, contro le semplificazioni dei funzionalisti, un che di fortemente specifico, inimitabile, inevitabile, oltre a una motivata autonomia.

Ogni forma artistica che sia veramente tale, dall'arte figurativa a quella del costruire, dalla musica alla danza, alla commedia, alla tragedia, al cinema, alla fotografia, richiede questi due caratteri, oltre a un'ossessività, da tenere però sotto controllo. Un quadro di Jackson Pollock o di Alberto Burri, una composizione di Claude Debussy o di John Cage, un film di Stanley Kubrick, di Wim Wenders o di Federico Fellini sono opere nelle quali l'assoluto e l'autonomia, il senso dell'origine e dell'inizio, l'ossessione per una scrittura soggettiva che si deve comunque poter comprendere e interpretare, la chiarezza e il mistero sono elementi immancabili, perché fondativi di ogni linguaggio. L'architetto deve saper attivare il proprio linguaggio architettonico, presente in lui da sempre, anche se è necessario sottoporlo alla prova della storia con uno studio appropriato degli antecedenti. Dopo aver preso atto del meccanismo concettuale indagato da Noam Chomsky, quando affronta una composizione l'architetto deve decidere se restare il più possibile vicino all'origine – non a caso Antoni Gaudí diceva che per essere originali si deve tornare all'origine – o avventurarsi in un processo compositivo che produrrà una sua storia, che indebolirà l'energia sprigionata da una visione primaria. Tutto ciò nella necessità di tenere presente che la relazione tra origine e inizio ne implica un'altra, quella, alla quale ho già accennato, tra grammatica e sintassi. Voglio anche ricordare che in realtà il comporre non ha mai, almeno nella nostra mente, un vero compimento. Marguerite Yourcenar ha detto che un romanzo non è mai finito, è solo abbandonato, un pensiero che è valido anche per il mestiere dell'architetto.

L'idea di autonomia dell'architettura vuole affermare che il costruire accompagna da sempre la comunità, la quale, senza di esso, come ricorda Vitruvio, non potrebbe esistere; il costruire è caratterizzato da una sua logica interna, da finalità proprie, artistiche e tecniche, da statuti operativi specifici, dalla possibilità di dare espressioni diverse a edifici della stessa tipologia.

L'architettura non è il prodotto ultimo di una serie di decisioni politiche, economiche e produttive, riassunte dall'urbanistica, e di esigenze molteplici espresse dalla società in tutti i suoi aspetti, che la determinerebbero quasi meccanicamente dall'alto – come credevano Leonardo Benevolo e, in una certa fase della sua ricerca storica e critica, Manfredo Tafuri, che la metteva al terzo posto dopo l'urbanistica e il *town design*. Essa è invece un ambito operante dotato di una propria capacità di espressione, di una sua totalità, come ho già detto, nella quale il passato, il presente e il futuro costituiscono spazi essenziali di una partecipata narrazione umanistica delle vicende dell'abitare.

Giulio Carlo Argan affermava che l'architettura si sarebbe dissolta, per così dire, nell'urbanistica che, a sua volta, Bruno Zevi pensava di chiamare «urbatettura» proprio per condividere, a suo modo, la previsione dell'autore di *Progetto e destino*. In queste visioni, per molti versi analoghe, ma anche, a una successiva analisi, diverse l'una dall'altra, la stessa urbanistica era ritenuta la ricaduta di scelte politiche sulla condizione del territorio. Questi orientamenti lasciavano agli edifici, dopo aver loro sottratto la completezza dei contenuti, solo un residuo di sperimentazione linguistica derivante da esigenze funzionali, una restrizione radicale del comporre che privava il linguaggio stesso della sua ragione di esistere, del suo ruolo e del suo lato misterioso.

Ovviamente alcuni architetti, tra i quali Carlo Scarpa, Luigi Moretti, Ignazio Gardella e, più tardi, Aldo Rossi, Vittorio Gregotti, Paolo Portoghesi, hanno continuato a produrre architetture nelle quali la forma aveva sempre un'indiscutibile evidenza.

È ora necessario dedicare qualche breve considerazione all'idea di bellezza nell'architettura. Quando Vitruvio parla della *firmitas*, dell'*utilitas* e della *venustas* non intende dire che il costruire è composto da tre categorie distinte. Per il padre dell'architettura occidentale la categoria dell'architettura è la *ratio*, articolata in tre aspetti che solo per necessità espositiva possono sembrare autonomi. Essi sono infatti intrecciati l'uno all'altro in modo organico, come le diverse componenti di un corpo umano che ha una sua unità costitutiva, sebbene sia composto da elementi diversi. La *venustas* – la bellezza di un edificio – è perciò strettamente connessa alla tettonica e alla funzione, così come questi due ambiti attraversano la *venustas* stessa e ne sono parte essenziale.

Oggi la bellezza di un'opera architettonica non è più ritenuta l'esito dell'incontro armonico delle tre specificazioni della *ratio* in una forma che le unifica, ma è vista come qualcosa di aggiunto alla fine del processo progettuale sotto il segno di un'eleganza rassicurante e conformista, del clamore di invenzioni plastiche mai viste prima che dovrebbero suscitare meraviglia, della insistita descrittività della tecnologia, un insieme di caratteri che non possiede la necessità intrinseca di essere solo ciò che essa deve veramente essere. Oggi la bellezza è qualcosa di gratuito, di incidentale e di incoerente, spesso semplicemente decorativo.

VEDERE CON GLI OCCHI DELLA MENTE

Federico Zuccari, pittore, fondatore nel 1593 dell'Accademia di San Luca a Roma, ha distinto il disegno interno, vale a dire una forma immaginata, da quello esterno, cioè l'immagine fissata in un disegno. Un'immagine è dunque duplice: nella mente del suo autore vive una vita segreta, ne vive invece una pubblica quando diventa qualcosa di reale per tutti, un'entità oggettiva che si separa da chi l'ha creata per divenire un patrimonio comune, soggetto a una pluralità di letture che lo possono modificare, alterare, ripetere. Un'immagine che è tale per chiunque la veda.

Sarebbe interessante capire perché Federico Zuccari abbia fatto tale distinzione, derivante dalla filosofia platonica, ma che allude, con qualche secolo di anticipo, al mondo freudiano, nonché a quello junghiano. Essa pone anche una questione di natura temporale, consistente nel comprendere se il passaggio dell'immagine dall'interno all'esterno richieda per qualche motivo un intervallo o possa essere immediato. Nel primo caso non sarebbe un esito del presente, nel secondo dovrebbe essere considerato una forma del presente stesso.

Lo schizzo è il risultato della convergenza istantanea di un'immagine mentale – il disegno interno teorizzato da Zuccari – in un sistema di segni che rende l'immagine stessa concreta, vera, operante. Un sistema veloce, immediato, il precipitato chimico di un precedente lavoro, spesso non del tutto avvertibile, che si svolge nelle aree del conscio e dell'inconscio. Tale sistema di segni è il Dna della composizione, nello stesso tempo definitivo e mutevole.

L'autore di uno schizzo non deve quindi limitarsi a tracciarlo, perché è suo compito interrogarlo, decifrarlo, ascoltarlo. Lo schizzo è infatti un nostro ritratto architettonico, ma è anche un dispositivo rivelatore che rende visibili e comprensibili cose di noi che non avevamo riconosciuto, che avevamo accantonato o dimenticato.

Se osserviamo uno schizzo di Erich Mendelsohn, dopo aver preso atto del suo contenuto, constatiamo in esso la verità di un'idea. Un cerchio dinamico simbolizza il cielo, ma questa curvatura è anche la cornice del disegno rapidamente tracciato, a testimoniare l'energia quasi incontrollabile della forma. Un'«apparizione magica», comunicata con una grafia così veloce che si teme possa svanire istantaneamente sotto i nostri occhi. L'edificio viene stabilizzato nel vivente dinamismo dei suoi volumi dal segno del terreno sul quale sorgerà.

Nei miei progetti mi preoccupo sempre di non allontanarmi troppo dallo schizzo, procedendo dall'origine all'inizio, ma limitandomi ad accennare solo al processo compositivo, interrompendolo subito dopo.

Architetti dell'origine e, se si può dire, dell'*inizio dell'inizio*, interessati a non abbandonare il luogo dell'archetipo, sono, per citarne alcuni, Hans van der Laan, con il suo «numero plastico»; Ludwig Mies van der Rohe, soprattutto nella sua Farnsworth House; Le Corbusier della Maison Dom-ino.

Tra gli architetti dell'inizio segnalo Giuseppe Terragni, in particolare nella Casa Giuliani Frigerio che esemplifica ampiamente, e con molti anni di anticipo, le idee di Noam Chomsky sul linguaggio; Adalberto Libera, che nel Palazzo della Regione a Trento delinea un teorema formale di un'evidenza sorprendente; Peter Eisenman il quale, nel Memoriale della Shoah di Berlino, dà vita a una scultura terrestre, creando un suolo statuario consistente in una serie di parallelepipedi in cemento. Si tratta di una *land architecture* semplice e al contempo profondamente enigmatica, nella quale la moltitudine dei blocchi crea un'unità formale intensa e coinvolgente. In quest'opera l'architetto statunitense ha deciso di fare un solo ma fondamentale passo dall'origine della scrittura allo scrivere.

Alle architetture citate voglio aggiungerne altre proprio per mettere in evidenza che la relazione tra origine e inizio non è una mia scoperta, ma una costante della storia dell'architettura. Vitruvio,

Marc-Antoine Laugier, Eugène Viollet-le-Duc, Gottfried Semper considerano la capanna primitiva come l'origine dell'architettura. Non a caso la incontriamo come modello interiore nei templi greci, etruschi e romani – che narrano la trasmutazione della capanna lignea in un'opera di marmo –, dalle architetture palladiane alle ricerche moderne di molti architetti del Novecento.

A volte formalizzate nell'origine, altre accompagnate in poche scelte compositive nell'inizio di uno sviluppo subito dopo arrestato, le architetture figlie della *cabane rustique* non hanno tempo, rivelano in ogni periodo nuovi significati e nuovi misteri. Gli edifici che sono frutto del pensiero nativo del costruire sono sempre avvolti in un'aura mitologica che li rende per un verso, e in gran parte, indecifrabili, e per l'altro chiari, come se, ricordando Giorgio Vasari, non fossero stati creati, ma fossero semplicemente nati.

Quando nel mio lavoro formulo in uno schizzo l'idea originaria di un'architettura sento qualcosa di indescrivibile. Volendo approssimare, si tratta di una sensazione che dalla mente passa al corpo, un soddisfacente e imprevisto brivido, l'intuizione di aver trovato quello che cercavo. Riconosciamo quindi noi stessi nell'idea che abbiamo generato, scoprendo che tale idea ci rivela, come ho implicitamente già chiarito, qualcosa che pensiamo essere nuovo ma che era già presente in noi, seppure nascosto.

L'affermazione nella mente e al contempo in un

disegno ci può sembrare improvvisa, mentre è preceduta da una remota e indiretta meditazione, durante la quale si prefigura la necessità di scegliere tra origine e inizio. È fondamentale saper intercettare questo passaggio, decidendo in che direzione muoversi. Nella composizione è di grande importanza, prima ancora della definizione di qualsiasi architettura, che tale scelta sia sostenuta da una premessa, ovvero l'«architettura» di un linguaggio che sia il più personale possibile. Per questo l'origine di un'idea discende dall'origine del nostro linguaggio, il quale, seppure innato, deve essere consapevolmente strutturato.

Alcuni architetti teorizzano il ricorso a uno schema, come pensava Vittorio Ugo, a un programma o a un diagramma come sistemi orientativi del comporre. Queste tre figure concettuali alludono all'alternativa tra origine e inizio e poi alla questione del rapporto tra grammatica e sintassi che, come ho già detto, non solo non devono essere troppo distanti, ma quasi coincidenti.

Esiste un altro ambito determinante del comporre che non va ignorato. Credo che, quando si progetta un'architettura, si debba fare un'operazione preliminare, consistente in una *decostruzione virtuale* di tutto ciò che di artificiale è presente nel contesto che accoglierà l'edificio. Smontando strato per strato le tracce esistenti nell'area in cui sarà realizzato il progetto, sia quelle ancora attive sia quelle residuali, non più inserite nelle dinamiche urbane, recedendo fino alla condizione del sito prima che ospitasse qualsivoglia intervento, si potrà osservare con gli occhi della mente ciò che ho definito da molti anni il «paesaggio originario».

Tale procedimento non è però in grado di rivelare attraverso un'immagine completa la condizione primaria di un sito, che nel tempo è divenuto un luogo, perché la decostruzione virtuale non riuscirà mai a essere totale, in quanto l'esistente che si vuole eliminare durerà ancora nella nostra memoria. Tuttavia questa impossibilità costituisce una straordinaria fonte immaginifica per un comporre non superficiale, né approssimativo o casuale.

In una famosa incisione, Giovanni Battista Piranesi mostra il paesaggio originario di Roma inteso come un antecedente morfologico della futura città, una pagina ideale che presenta già alcuni segni naturali da intrecciare con quelli dell'insediamento che sarà costruito in quel fatidico sito. Ai lati di un'altra lastra l'architetto veneziano inserisce dei frammenti della *Forma urbis* di Settimio Severo i quali, procedendo verso il centro dell'incisione, mettono in evidenza l'analogia con l'orografia dell'area su cui sorgerà la città. Queste due tavole sono il prodotto di quell'esercizio interpretativo di cui sto parlando.

Osservando a Shanghai la selva di grattacieli nell'ansa del fiume, a Pudong, si comprende bene l'estraneità di quelle presenze architettoniche al sito. Esso non è riuscito a diventare un luogo, è rimasto un *non luogo*, perché la dialettica tra il paesaggio originario e il grande intervento architettonico, che riprende ed esalta la punta di Manhattan, non c'è stata. In un noto passo del *Disagio della civiltà*, Sigmund Freud sostiene che quando si osserva il Palatino, a Roma, l'immagine delle rovine degli antichi palazzi imperiali sta accanto a quella delle stesse architetture ancora integre, un'immagine visibile, ovviamente in tutta la sua essenza, con uno sguardo capace di esplorare idealmente il passato. Questa sovrapposizione temporale fa sì che l'autore del libro definisca Roma come «un'entità psichica», e non solo una realtà fisica.

La decostruzione virtuale si spinge oltre questa constatazione freudiana. Solo facendo un «vuoto» temporale nell'immagine di una città, scoprendo la condizione del sito prima che essa fosse costruita, si incontra un'*impossibilità operante*, un'energia emanata da qualcosa di impensabile, che comunque, in un modo che non si riesce a comprendere, fa sì che si possa conferire a un'architettura una sua vita cosciente, continua, avventurosa, superiore ai tempi che attraversa, in quanto sempre attuale. Senza questo itinerario interpretativo, ciò che si costruisce non è significativo, ma resta una semplice e spesso impropria volumetria, forse funzionalmente appropriata eppure priva dei contenuti fondamentali dell'architettura.

VUOTO E PIENO

La solitudine e il ritrarsi degli alberi davanti all'apparizione della capanna rustica, 1984

L'ABITARE È UN SISTEMA IN EVOLUZIONE

È necessario fare alcune scelte sul comporre prima di affrontare il processo che questa difficile e avventurosa attività comporta. Innanzitutto, è indispensabile che l'architetto abbia una teoria, altrimenti il suo lavoro sarebbe privo di un significato autentico. La teoria è a mio avviso di due tipi: a priori e a posteriori. La prima consiste in una concezione strutturata dell'architettura che precede il comporre, concezione che a mio parere coincide con una poetica; la seconda è la ricostruzione, che dovrebbe essere sostenuta da un considerevole ordine logico, del processo compositivo, il quale può essere, e spesso è, discontinuo, casuale e non lineare, articolato in più direzioni.

Nel primo caso la teoria costituisce la traccia mentale del processo compositivo, mentre nel secondo riguarderà non tanto un'opera architettonica, quanto il racconto del suo itinerario formativo. Si tratta di dare a un progetto e al suo esito una *forma*, che non è però quella architettonica, bensì un racconto che vorrebbe mettere in evidenza il ricorso a un metodo.

Un'altra considerazione sul comporre mi è stata suggerita dalla recitazione degli attori; di cinema o teatro. Per il filosofo Denis Diderot, fondatore dell'*Encyclopédie* insieme a Jean-Baptiste Le Rond d'Alembert, l'attore deve rendere evidente il fatto che sta interpretando una parte, stabilendo così una distanza concettuale tra sé e il proprio personaggio. Si contrappone a questa idea, che condivido, il metodo Stanislavskij, basato sull'identificazione dell'attore con colui che sta facendo agire. Un'idea, quella dell'immedesimazione, che è stata al centro dell'attività formatrice del famoso Actors' Studio di New York di Lee Strasberg. Trasferita nell'architettura, la tesi di Diderot può essere interpretata come la necessità di un ampio controllo del processo compositivo da parte dell'architetto, che in un certo senso deve sdoppiarsi: agire e, al contempo, osservare dall'esterno ciò che sta facendo. In una parola, chi compone l'architettura deve vivere l'estraniamento da sé per poter produrre qualcosa di veramente significativo.

Prima di affrontare i concetti di vuoto e pieno, penso sia utile elencare le sette modalità del comporre, modelli operativi nei quali si esauriscono le scelte possibili. Tali modalità sono il recinto, la linea, il punto, la proiezione, il groviglio, l'accumulo e la rete.

Il recinto è uno degli atti che regolano qualsiasi azione insediativa. Esso ha un ingresso, che può essere di più tipi. Il recinto «sacralizza» un'area, la identifica come altra rispetto alle porzioni terrestri circostanti. Lo spazio che contiene non è un'entità isotropa, poiché è più intenso ai bordi che al centro, fino a quando resta vuoto. Se costruisco al suo interno una serie di edifici, questi creeranno una tensione con la cornice che li inquadra, così come un altro tipo di tensione si stabilisce, a volte, se un elemento interno al recinto si confronta con un corpo architettonico esterno, ma prossimo al muro di confine. In tal caso, il margine che separa queste due architetture riesce a unirle con una forza maggiore di quella che le attrarrebbe se non ci fosse un muro.

Il secondo modello compositivo è la linea, ovvero la disposizione lungo una direzione di una serie di elementi, una traiettoria nello spazio, che può essere anche sinuosa, ma che in genere è diritta, una linea retta, che si configura come un elenco di segni architettonici. Nel libro *Semplice lineare complesso*, Costantino Dardi presenta alcune sue composizioni basate su questo principio. Pensiamo al Corviale, un edificio lungo un chilometro nella periferia sud-ovest di Roma. Prima di fare questa scelta Mario Fiorentino aveva proposto alcune soluzioni, molto lontane da quella definitiva, che contemplavano diverse tipologie abitative, ma a un certo punto del suo itinerario progettuale decise di costruire una sorta di diga che avrebbe dovuto arginare – nella riproposizione aggiornata di un utopistico falansterio, una vera e propria riscrittura creativa di questo modello primario – l'assedio alle tante case popolari, che si sarebbero costruite, da parte della moltitudine di palazzine medio-borghesi presenti in quella parte di Roma, come in altri quartieri della capitale.

Il punto è la concentrazione dell'energia spaziale in un edificio. Si tratta di un'emergenza centrale – come una cattedrale, un castello, uno stabile pubblico, un palazzo nobiliare – che egemonizza il tessuto urbano circostante. Il punto produce un effetto gravitazionale sul contesto, attraendolo o distanziandolo. Anche una piazza può costituire un elemento attrattivo, organizzando attorno a sé, come avviene a Place Charles-de-Gaulle a Parigi, una vasta area della città. Il punto è quindi un nodo urbano che gerarchizza un «intorno», emergendo sia per la sua visibilità sia per i suoi contenuti funzionali e formali.

La proiezione, la quarta modalità compositiva, si configura come una dinamica raggiera, più o meno densa, lungo i cui assi corre una forte corrente prospettica. La città tedesca di Karlsruhe è una dimostrazione esemplare di tale modello, che è anche alla base del quartiere Gallaratese di Milano di Carlo Aymonino e Aldo Rossi.

La quinta operazione compositiva è il groviglio. Le piante degli edifici progettati da Frank O. Gehry, anticipate da eloquenti schizzi nei quali i segni si fanno numerosi e intricati, sono un esempio notevole di questo principio. Non c'è dubbio che il groviglio dia luogo a disegni urbani di grande complessità spaziale e ambientale. Il tessuto delle città arabe, pressoché privo di vere e proprie piazze, è un mosso incrocio di stretti percorsi, sui quali non si affacciano finestre, ma solo varchi che consentono di entrare in piccole e pittoresche corti interne. In questi spazi raccolti, che sono al contempo luoghi di incontro delle microcomunità ospitate dai densi isolati, si aprono le porte degli ambienti situati al piano terra e si inerpicano scale che conducono alle abitazioni dei piani superiori.

Il sesto tema compositivo è l'accumulo, presente nella ricostruzione di Roma di Pirro Ligorio, nel frontespizio dell'*Iconographia Campi Martii* del grande Giovanni Battista Piranesi e in tante architetture del già citato John Soane, le cui piante dimostrano quanta razionalità sia necessaria per conferire coerenza a un insieme di forme che può apparire del tutto casuale. Nel *Campo Marzio* piranesiano la compresenza di diverse forme architettoniche annulla il principio tipologico, affermando l'individualità assoluta di ogni edificio come regola indiscutibile e nello stesso tempo come un misterioso luogo concettuale del tessuto urbano. L'incisore veneziano vuole dimostrare la capacità autogenerativa del linguaggio architettonico, la sua fioritura spontanea dopo che l'architetto ha definito, con alcune mosse iniziali, il suo carattere.

L'ultima azione compositiva è la rete. L'impianto ippodameo delle città, il disegno degli accampamenti militari romani, tradotti poi in un complesso regolare di isolati governati dall'incrocio ortogonale del cardo e del decumano, il contrasto tra l'uniformità modulare delle costruzioni abitative e alcuni spazi e edifici speciali, costituenti la struttura metrica sottostante a molte architetture antiche, moderne e contemporanee, sono altrettanti esempi di quanto la rete sia capace di dare vita a tessuti urbani complessi – si pensi a Manhattan – e ad architetture attentamente misurate da un tracciato inteso come un sistema di trama e ordito. Le griglie di Mies van der Rohe per l'Illinois Institute of Technology di Chicago, il Modulor di Le Corbusier e, prima di questi dispositivi misuratori e proporzionali, le regole geometriche alla base delle piante delle ville di Andrea Palladio dimostrano come la rete sia una modalità compositiva costante nel tempo, oggetto di acute e produttive interpretazioni proposte da famosi storici dell'architettura come Rudolf Wittkower e Colin Rowe.

Di queste sette operazioni compositive, tranne il punto, cinque possono ridursi alla linea. Il recinto, la proiezione, il groviglio, l'accumulo e la rete possono essere infatti sue varianti, mentre il punto è l'elemento che nella sua successione dà vita alla linea, rivestendo così un ruolo generatore di tutto il sistema compositivo. Se questo è vero, è anche vero che la linea sarebbe la metafora descrittiva del percorso, la conferma e il simbolo della volontà umana di esplorare il mondo costruendo una sua narrazione in continuo movimento.

Alla luce di queste considerazioni, l'abitare non dovrebbe essere considerato come qualcosa di permanentemente stabile, ma come un sistema in evoluzione. Esso sembra infatti oscillare tra l'erranza e le pause dell'andare, un'alternanza che la storia dell'architettura ci mostra essere stata una costante in ogni fase del costruire. L'abitare è quindi l'esito metamorfico di un cammino nel tempo, oltre che nello spazio. Per questa alternanza tra il movimento e la sosta dell'abitare, l'architettura è sospesa tra il desiderio della permanenza in un luogo che ha contribuito a creare e l'esigenza di rifondare tale luogo, con le necessarie variazioni, in un'altra parte della Terra. L'architettura è dunque fissa e al contempo votata a una vera e propria migrazione che le consenta di riapparire in altri siti da trasformare in nuovi luoghi, come è avvenuto alle opere di Palladio. Tale migrazione può essere vissuta dai progetti, più che dalle opere che ne discendono. La Rotonda pubblicata nel trattato palladiano è stata infatti riprodotta nel mondo in tante e diverse interpretazioni, non solo in quella che possiamo visitare a Vicenza.

DUE MOMENTI DI UNA SOLA VOLONTÀ

Nell'ambito di quanto detto finora, il rapporto tra pieno e vuoto in architettura è particolarmente importante. Esso ha anche a che fare con il tema che sarà al centro del prossimo itinerario, la relazione tra spazio e tempo. In Occidente si tende a considerare il vuoto come un'assenza, mentre in Oriente, soprattutto in Giappone, esso è qualcosa di misteriosamente concreto, una «realtà mistica» che ha la stessa consistenza del costruito, se non di più. Il vuoto sarebbe quindi, in qualche cultura, l'esito del trascendere se stessi nel mondo e nel cosmo, partecipando dell'infinito. Per noi, invece, è spesso qualcosa di negativo, come chiariscono le espressioni «vita vuota», «vuoto di idee», «senso di vuoto». Qualcosa che si contrappone alla pienezza dell'esistere.

Quando dico che il pieno è considerato positivo e il vuoto negativo, non esaurisco definitivamente l'argomento, perché né l'uno né l'altro sono del tutto positivi o negativi. La musica non esisterebbe senza il vuoto dell'intervallo tra le note e gli accordi, due pieni. La scrittura non esisterebbe senza il vuoto tra una parola e l'altra. Anche nella scrittura bustrofedica, il cui andamento «a nastro» ricorda quello dell'aratro in un campo, è interessante il rapporto tra il vuoto lineare prodotto dall'aratro e il pieno della zolla rimossa. Il pieno e il vuoto sono come il palmo e il dorso della mano. Il grande architetto Luigi Moretti, fondatore della rivista «Spazio», ha dato con i suoi «plastici critici» una splendida prova di questa *duplicità unitaria*. Ha realizzato un modello di San Pietro rappresentando i vuoti come pieni, rivelando così il carattere di scultura atmosferica proprio del vuoto, che doveva divenire visibile.

La relazione tra pieno e vuoto è fortemente presente non solo nell'architettura, ma anche in altri linguaggi. Basti pensare al quadro *Viandante sul mare di nebbia* di Caspar David Friedrich, nel quale un uomo è in cima a una montagna, un ulteriore pieno, intento a contemplare il vuoto di un cielo rappresentato in tutta la sua vastità. Anche in un'altra tela del pittore tedesco, *Monaco in riva al mare*, il pieno è costituito dal monaco stesso, dalla spiaggia e dal mare, mentre il vuoto è di nuovo un grandioso «vuoto atmosferico» che sovrasta il mondo, provocando in chi guarda il dipinto il presentimento, nel clima del Romanticismo, della solitudine assoluta come aspetto incancellabile della vita. Anche i quadri di Mark Rothko descrivono dei vuoti, invertiti però, attraverso il colore, in enigmatici e solenni pieni che rinviano alle icone bizantine con la silenziosa e drammatica icasticità che caratterizza quegli ideali «paesaggi cromatici».

Anche nell'*Infinito* di Giacomo Leopardi, il pieno del corpo del poeta, la cima del colle e la siepe, corpi anche loro, sono in conflitto con il vuoto a perdita d'occhio del panorama, un conflitto che si risolve poi in un accordo spirituale quando la contemplazione del paesaggio si inverte nella compresenza di ciò che è vicino, la siepe, e l'immensamente lontano dell'illimitato spazio del cielo. Tale contrasto era stato peraltro già rappresentato magistralmente da Piranesi nella piazza antistante la sede dei Cavalieri di Malta a Roma. Un muro misuratamente decorato, come una densa narrazione plastica, proponeva la sua suggestione architettonica creando una vertigine visiva a confronto.

Per quanto riguarda l'architettura, la relazione tra pieno e vuoto ha diversi contenuti, secondo le varie scale dimensionali. Se osserviamo una carta dell'area di Aversa, per esempio, vedremo una campagna quasi del tutto vuota, con al centro un costruito compatto, un pieno corrispondente alla città. Quando arriviamo alla dimensione urbana, le strade, le piazze e i viali sono il vuoto, mentre gli edifici sono il pieno. La famosa pianta di Roma di Giovanni Battista Nolli, del 1748, dalla stupefacente precisione topografica, esemplifica la dialettica tra i volumi architettonici e i vuoti che li separano con scientificità documentaria e con un'insuperata qualità artistica. Scendendo alla scala dell'edificato, questo rapporto si rovescia: gli edifici sono di fatto una serie di cavità, ovvero di stanze che si possono abitare e di cortili, mentre il pieno è costituito dai muri che separano questi ambienti, dando solidità alla costruzione.

A questo proposito, è necessaria una piccola diversione riguardante la definizione di edificio. Ho scritto, ormai molti anni fa, che «un edificio è una società di materiali messi a contatto stabilmente per costruire un interno riconoscibile rispetto all'indistinto circostante». Di conseguenza, per me, l'edificio non è un insieme né un sistema di elementi, perché queste due nozioni, che sono comunque corrette, non esprimono la natura solidale, ma anche potenzialmente conflittuale, di un'architettura.

Aggiungo inoltre una breve considerazione sulla natura più autentica di un edificio. Se voglio ascoltare un concerto, devo andare all'auditorium; se voglio acquistare un libro, lo trovo in libreria o lo ordino su Amazon; se mi interessa un film, vado in una sala cinematografica o mi devo accontentare di guardarlo sul mio televisore. L'architettura, invece, di solito si presenta ai miei occhi senza che io la cerchi. Camminando in qualsiasi città, gli edifici mi si presentano non richiesti, anche se, ma solo in pochi casi, possono costituire una sorpresa positiva. Per quanto detto, un edificio deve quindi raggiungere il massimo della sua identità formale nel registro medio, tendendo a un positivo anonimato. Ovviamente esistono delle eccezioni, come gli edifici di Francesco Borromini, di Antoni Gaudí, di Frank Lloyd Wright e tanti altri grandi architetti.

È necessario che un edificio abbia due livelli di lettura: il primo esplicito, il secondo implicito ma non segreto, decifrabile da chi è interessato all'architettura. Da questo punto di vista le opere a Milano di Mario Asnago e Claudio Vender sono straordinarie: la loro apparente e insuperata semplicità nasconde significati complessi e profondi. Questa duplicità del contenuto è sempre presente nella vera architettura, come in quella di Palladio. Il pronao templare che campeggia al centro di alcune sue ville testimonia il fatto che un'architettura non deve soltanto essere funzionale, ma ha il compito di introdurre nel paesaggio una chiarezza testuale che sappia comunicare con esattezza e con poesia cos'è l'abitare, inteso in tutti i suoi valori. Una comunicazione che coincide con una bellezza spirituale, lo splendore della verità di cui ho già parlato. Non basta quindi che un'architettura esista; essa deve raccontare cos'è la vita, quali memorie la arricchiscono, che speranze la accompagnano, il senso della comunità che accoglie. Non basta che un edificio ci sia, ma è necessario che si configuri come la non invadente e al contempo avvertibile continuità ideale della forma dell'abitare.

Per concludere il percorso all'interno del difficile tema di vuoto e pieno, torno brevemente alle sette modalità compositive di cui ho parlato all'inizio. Modalità che, secondo la morfologia della fiaba teorizzata da Vladimir Propp, il quale riconduceva le famiglie narrative ai loro caratteri comuni, possono essere, come ho già detto, ridotte a quella della linea. Se ciò che ho esposto ha un senso, in ogni scrittura una traiettoria lineare lega i vuoti e i pieni in una continuità di intersezioni tra i due termini. Nel comporre, ma anche nel decifrare le architetture che ci interessano e ci coinvolgono, occorre saper unificare i due ambiti antitetici, considerandoli come due momenti di una sola volontà: quella di migliorare l'abitare con edifici in cui la dialettica tra la densità corporea degli elementi architettonici e la rarefazione che li precede e li segue sia uno dei principali caratteri della loro forma.

TEMPO E SPAZIO

Avvolgere, 1993

LEGGERE L'ARCHITETTURA NEL TEMPO

Nell'architettura il tempo si presenta in più modi. Il primo riguarda il periodo nel quale l'opera nasce, per esempio il Rinascimento, il Neoclassicismo, il Novecento. Una sistemazione paesaggistica, la fondazione e la costruzione di una città, una serie di architetture edificate nel territorio e nella città stessa recano in sé la traccia e il senso della stagione in cui sono state pensate e realizzate, ma devono anche saper superare il tempo che le ha viste nascere, restando così sempre attuali. Se ciò che si costruisce esprime la sua vera sostanza – che è l'insieme di ragione ed emozione, arte e scienza, di creazione di un luogo e della capacità di allontanarsene, dislocandosi in un altro contesto, dell'originalità linguistica di un'architettura e al contempo, in una contraddizione singolare ma positiva, del tentativo di renderla comprensibile al maggior numero di coloro che la vedranno o la vivranno –, si potrà raggiungere questo duplice obiettivo: la rappresentazione di una fase storica della vita di una comunità e insieme di ogni nuovo periodo che essa vivrà.

Tale verifica dovrà accertare se la resa critica e creativa, attraverso l'architettura, della realtà di una certa stagione in cui un edificio è stato pensato e realizzato è attendibile, completa, innovativa, ma va constatato anche se questa architettura può superare il tempo in cui è stata concepita, restando così sempre nuova, per così dire, in ogni momento della sua esistenza, compreso quello in cui sarà divenuta un rudere. Non ci sono architetture a Roma più attuali del Colosseo, delle Terme, dei Fori, del Pantheon. Le opere architettoniche, quando sono tali, così come quelle letterarie, pittoriche, scultoree, filmiche, sono inoltre in grado di rendere evidenti nel tempo contenuti che spesso neanche i loro autori erano consapevoli di aver formulato. L'arte, se lo è veramente, è infatti un'entità vivente, quindi è sempre contemporanea.

La dimensione evolutiva di un'opera non è pertanto, come pensava Mies van der Rohe, solo un'espressione della condizione della realtà in cui è sorta – il che la definirebbe come realistica, un'«architettura della realtà», ricordando la definizione di Antonio Monestiroli –, ma è qualcosa di molto più complesso, ovvero il risultato della dialettica tra la realtà di un certo periodo e ciò che potrebbe modificarla, migliorarla, ampliarla, spingerla verso ambiti vitali più aperti e innovativi. Lo stesso autore del Seagram Building a New York non si è limitato a progettare un bel grattacielo in accordo con gli anni cinquanta e le visioni del mondo in quel periodo, ma ha dato vita a una struttura dialogica che continua a porre, da quando la torre bronzea è stata eretta a Park Avenue, con il suo volume perfetto, la sua famosa piazza e le due fontane, domande essenziali e a fornire risposte chiare e profonde su cosa chiediamo all'abitare nella nostra vita.

Il secondo aspetto del rapporto tra tempo e architettura consiste nella «lettura» di un'opera. Tale lettura esige più tempo di quello che di solito si dedica a un quadro o una statua. Un architetto deve aggirarsi attorno a un edificio per comprendere la sua essenza volumetrica, poi deve entrare e seguire il succedersi degli interni, salire le scale, apprezzare la loro plasticità, le doppie o triple altezze che le dinamizzano, identificare gli usi dei vari ambienti, constatare le misure e le proporzioni delle parti dell'edificio, interessarsi alle direzioni prospettiche che coordinano gli spazi. La lettura è quindi in movimento, è la famosa *promenade architecturale* di cui parla Le Corbusier, che ha colto in modo preciso e profondo il tono processuale che assume l'itinerario dall'esterno all'interno di un edificio. La Ville Savoye, un'opera fondativa del grande architetto franco-svizzero, è una straordinaria narrazione di cosa rappresenta nella sua vera essenza l'architettura, un trattato tridimensionale sullo spazio, sul rapporto tra interno ed esterno, sull'armonia musicale della proporzione. Visitarla è un'avventura che resterà impressa per sempre nella memoria. La grande scala di Palazzo Corsini a Roma, di Ferdinando Fuga, un'architettura esemplare, offre uno spettacolo scenografico imperdibile, con la magica moltiplicazione della sua profondità spaziale. Camminando attorno alla Rotonda di Palladio, si scopre che le quattro facciate uguali sono la metafora di un orbitare dell'edificio, che ho sempre interpretato come la traduzione terrestre della dimensione cosmica.

Il terzo tempo dell'architettura consiste nel sedimentarsi, nell'opera, della vita dei suoi elementi. I materiali costruttivi si consumano, seppure lentamente, e ciò crea quella «patina» di cui parlava Cesare Brandi. Nel restauro di un edificio storico questo «segno della durata» può essere conservato o cancellato. È una scelta difficile, in un senso e nell'altro. Se si conserva questo strato fisico deposto anno dopo anno, bisogna contemporaneamente salvaguardare la *firmitas* dell'opera e delle sue componenti; se invece si cancella, è necessario utilizzare nuovi materiali, che devono però intonarsi con quelli preesistenti, cosa molto difficile da ottenere. Nell'intervento di Carlo Scarpa sul Museo di Castelvecchio a Verona, il dilemma è stato risolto dal grande maestro veneziano inventando completamente un nuovo significato di questa storica architettura, reso evidente da una successione di sorprendenti «episodi ambientali» che ne rivoluzionano gli interni e gli esterni. Questa vera e propria rifondazione non solo ha rivitalizzato il monumento veronese, ma ha anche conferito all'intera immagine del contesto attorno a esso un'identità urbana nella quale il passato si fa, in un coinvolgente paradosso funzionale, futuro. In un'installazione di qualche anno fa Peter Eisenman ha saputo rivelare con una memorabile azione ermeneutica la profondità concettuale di questa inversione temporale.

Il quarto concetto è il tempo necessario alla definizione compositiva e alla costruzione di un'architettura. Si tratta di un periodo che può essere corto o lungo, lineare nel suo sviluppo o articolato in più direzioni. A una prima configurazione, per esempio in uno schizzo preliminare, tutti i dati raccolti nell'analisi che precede le scelte progettuali si traducono in un'immagine che sarà successivamente approfondita, ampliata o variata, prima di trovare la sua definitiva formulazione. La considerazione della durata di questo processo è fondata sul tempo reale e sull'idea di tempo dell'autore, che può considerarlo più o meno consistente, unitario o frammentato in momenti diversi, accelerato o rallentato da pause, a volte più pensate che autenticamente vissute.

Il quinto aspetto del tempo nell'architettura si riconosce nell'intervallo, di anni o di secoli, tra l'edificio appena ultimato e il rudere che diventerà. Un rudere che continuerà a vivere, anche se a lungo, ma in una dimensione diversa, con un'identità altra rispetto a quella originale. Penso di aver compreso molti anni fa qual è per gli architetti il senso del rudere, la sua *ratio*. Come già accennato nel corso del primo itinerario, per Vitruvio la *venustas* è sempre accompagnata dalla *firmitas* e dall'*utilitas*. Non è quindi possibile osservarla da sola, constatandone la natura e l'intensità, perché le altre due specificazioni della ragione dell'architettura la immetterebbero in un nucleo inestricabile di riflessioni incrociate. Per considerarla da sola, cioè per quello che è, bisogna eliminare dal triangolo vitruviano la solidità e la funzione. L'eliminazione dei due attributi si realizza solo nel rudere, e quindi la rovina è la forma assoluta della bellezza di un'architettura. Non a caso Auguste Perret ha detto che «la bella architettura fa belle rovine». Io stesso ho cercato di verificare questo teorema eseguendo disegni che mostrano alcuni miei progetti come rovine, proprio per appurare se fosse presente la bellezza.

LA MEMORIA DELLA STORIA, LA STORIA DELLA MEMORIA

Nell'architettura il rapporto tra passato, presente e futuro fa pensare al nastro di Möbius. In effetti ciò che è stato entra nel presente e poi definisce un futuro in una continuità nella quale il tempo si fa metaforico, contingente, misterioso, non più misurabile. Esso intreccia i suoi momenti in un'unità ideale che fa a meno del prima e del dopo. Molti architetti credono, a livello inconscio, che l'architettura sia per sua natura durevole, il simbolo concreto della permanenza dell'abitare nel tempo. A volte accade che alcuni edifici siano eterni, si pensi alle Piramidi o alle Terme romane, ma in realtà le architetture vengono spesso demolite, o ricostruite in altre forme, nel corso di diverse epoche storiche che, per così dire, «riscrivono» la città secondo categorie e visioni nuove. Altri edifici sono distrutti da incendi, terremoti, inondazioni, eventi bellici. Questa precarietà, che da sempre mette a rischio il patrimonio architettonico, tranne le straordinarie eccezioni alle quali ho accennato, è un dato fisico accompagnato, in una contraddittoria associazione concettuale, dall'aura della lunga durata, che dovrebbe riguardare ogni edificio.

Secondo Baudelaire il carattere principale della modernità è l'«effimero». A questo assunto va aggiunto il fatto che la velocità della vita contemporanea rende ancora più instabile e provvisorio tutto ciò che facciamo, come peraltro ha intuito Zygmunt Bauman con la sua idea di «società liquida», nella quale tutto si attraversa e si muove in una mescolanza difficile da interpretare. Per il filosofo francese Henri-Louis Bergson il tempo si divide tra oggettivo e soggettivo. Esso può essere mentalmente compresso e allungato, ci sono minuti che sembrano interminabili e ore corte come secondi. Considerazioni fondamentali sull'idea di tempo sono contenute inoltre nelle *Lettere dal lago di Como. La tecnica e l'uomo*, il libro del teologo tedesco di origine italiana Romano Guardini, un profetico trattato che ebbe una notevole influenza su Ludwig Mies van der Rohe e Rudolf Schwarz.

Un ulteriore aspetto della relatività del tempo è il rapporto tra storia e memoria, la prima con una logica consequenziale, la seconda sempre «progettata», ovvero modificata secondo il disegno personale del nostro vissuto. Per indicare la memoria si usano tre parole: «ricordare», e lo si fa con il cuore, che è l'etimo di questo termine; «rammentare», cioè ritornare a qualcosa che è nella nostra mente; «rimembrare», termine oggi non più tanto utilizzato come nell'Ottocento e nel primo Novecento, che chiama in causa le membra, il «rivivere nel corpo» eventi o persone della nostra vita.

Esistono architetti della storia e architetti della memoria, vale a dire architetti della *memoria della storia* e architetti della *storia della memoria*, un ambito immaginario che rimanda a Marguerite Yourcenar e a Frances Yates. I primi, tra i quali Louis Kahn, si fanno interpreti di un'invarianza tematica dell'architettura, che quindi risale all'origine, ai valori ancestrali; i secondi, tra i quali Daniel Libeskind, che nel Jüdisches Museum a Berlino allestisce una narrazione basata su una rievocazione mnemonica dell'orrore, e James Stirling, che nella Neue Staatsgalerie dà vita a un percorso nell'arte che si fa racconto architettonico, vario ed enigmatico, di un'esperienza temporale. È anche possibile cercare di rappresentare contemporaneamente sia la storia che la memoria, come nelle opere del periodo in cui Frank Lloyd Wright voleva recuperare l'eredità culturale e costruttiva dell'America precolombiana e insieme prevedere il futuro dell'architettura. La stessa duplicità si riscontra nella ricerca di Peter Eisenman che, se per un verso si definisce come un'operante e innovativa memoria del linguaggio di Giuseppe Terragni, per l'altro rivela un *futuro ulteriore* nei confronti del pensiero corrente su ciò che potrà avvenire.

A conclusione della riflessione sul rapporto fra tempo e architettura, è importante individuare le due modalità in cui esso viene vissuto. Alcuni architetti pensano a una successione lineare di epoche, che dalle costruzioni primitive arriva agli edifici assiro-babilonesi, egizi, greci, romani, gotici, rinascimentali, barocchi, rococò, neoclassici, eclettici, art nouveau, espressionisti, De Stijl, razionalisti, organici, International Style, utopici, postmoderni, decostruttivisti, digitali. Da ciò deriva una costante e a volte rigida dedizione solo a linguaggi contemporanei, senza cercare quelle derivazioni fortemente operanti che legano tra di loro architetture lontane. Altri invece credono a ciò che dice Charles Robert Cockerell nel suo famoso quadro *Il sogno dell'architetto*, in cui la successione di edifici crescenti in altezza è un ammasso di opere che costituisce un'allegoria della possibile presenza, nella mente di un architetto, di una moltitudine di espressioni linguistiche, della loro convivenza in una suggestiva contemporaneità. Questi architetti, tra i quali io stesso, pensano che la disposizione di una serie di architetture di epoche diverse l'una accanto all'altra in un «tempo immobile» sia più capace di ispirare l'immaginario. Alla linea che unisce varie stagioni storiche si sostituisce così un piano sul quale sono appoggiati, l'uno adiacente all'altro, numerosi edifici provenienti da stagioni lontane tra loro.

DEFINIRE LO SPAZIO: UNA SFIDA CREATIVA

La parola «spazio» deriva dal verbo latino *patēre*, che significa «essere evidente», «essere aperto». Immaginiamo le prime comunità umane, insediate in una foresta. Era impossibile controllare l'insieme delle capanne che costituivano il villaggio. Per potersi difendere da eventuali attacchi di animali selvatici o di altre tribù occorreva potersi guardare attorno. Da qui la necessità di liberare dagli alberi l'area circostante le capanne. Heidegger scrive che lo spazio è «fare spazio», «creare radure». Esso è allora un vuoto libero da qualsiasi ostacolo, una cesura nella tessitura degli alberi. Nel concetto di spazio esiste quindi una contraddizione piuttosto consistente. Per un verso, infatti, è aperto, ma, se questa apertura non fosse conclusa e definita da confini, si perderebbe la possibilità di misurarne l'ampiezza, nonché la relazione con il contesto che la circonda. Lo spazio non è mai un'estensione continua, una radura infinita, ma l'insieme di una serie di recinti, altrettante regioni identificate da margini concreti o immateriali. *Principi di psicologia topologica* di Kurt Lewin è un libro che ritengo molto importante per comprendere la natura dello spazio.

Va inoltre chiarito che, nel considerare lo spazio, esiste una particolarità inspiegabile: guardando un edificio da fuori, e poi entrandovi, si può constatare una sproporzione, un'*incommensurabilità* dell'interno rispetto all'esterno. L'unica ragione attendibile di questa anomalia – l'interno che appare maggiore dell'esterno – potrebbe essere rinvenuta nel fatto che un volume architettonico è inserito in un contesto la cui vastità può far sembrare più contenuto il volume stesso.

Un altro aspetto dello spazio concerne più in profondità la sua essenza. Prendiamo per esempio un edificio a pianta quadrata, con superfici che lo delimitano. Di solito si pensa, cosa che vale anche per molti architetti, che l'edificio termini con i piani che ne definiscono la massa. Ma non è così. Un'architettura ha la capacità di irradiare attorno a sé una presenza energetica che si avverte, seppur inconsciamente, un'area virtuale che ha anch'essa la sua misura. Si tratta di una presenza prossemica. Quanto più gli edifici sono contigui, tanto più le loro aree virtuali si sovrapporranno, determinando un insieme di zone appartenenti a più edifici, creando così una complessità spaziale solo apparentemente invisibile, che gli architetti sentono, o debbono imparare a sentire, più dei normali abitanti di un qualsiasi contesto urbano. Tali aree si configurano come «un'aura di positività ambientale» che dona all'abitare un contenuto particolarmente importante, anche perché ci aiuta in ogni situazione a comprendere dove siamo, come orientarci. Comporre architettura è perciò in gran parte un'arte della distanza tra gli edifici, un'arte che produce, tra l'altro, una positiva sensazione fisica.

Per rendere più chiaro questo concetto è sufficiente fare un solo esempio: piazza San Marco a Venezia sembra un grande spazio unitario, ma in realtà è composta da tre piazze virtuali, nelle quali le proiezioni degli edifici che le contornano determinano un insieme di attrazioni e di distanziamenti governato da una geometria invisibile, che non è difficile avvertire nei suoi effetti attraverso un sesto senso, consistente in un segnale fisico che lo spazio ci invia. Percorrendo uno spazio si attraversano concettualmente sia recinti invisibili – perimetri virtuali o posti dall'edificio concreto – sia, a volte, margini fisici, come muri o altri elementi che definiscono zone contigue del contesto. Un architetto deve fin dall'inizio della sua formazione imparare a leggere questo spartito metrico, che struttura topologicamente l'abitare.

Il valore di uno spazio architettonico si ottiene attraverso alcune operazioni; tre sono le più determinanti. La prima è la traslazione, ovvero lo spostamento di una componente dell'edificio al fine di creare una tensione spaziale con gli altri elementi, un modo del comporre messo a punto da De Stijl e utilizzato anche da architetti non appartenenti al movimento olandese, come Le Corbusier e Mies van der Rohe, che ne dà una magistrale applicazione nel Padiglione tedesco, realizzato per l'Esposizione universale di Barcellona del 1929. La seconda operazione è la compenetrazione, consistente nell'incorporare due o più parti di un edificio conservandone concettualmente la riconoscibilità, come avviene in maniera esemplare e misteriosa in molte opere wrightiane. C'è poi la rotazione, vale a dire l'inserimento di una direzione radiale a partire da un centro interno o esterno all'edificio, in modo che esso si apra al contesto circostante. Architetti che fanno dello spazio una componente primaria e «magica» delle loro creazioni sono, tra i tanti, Álvaro Siza, Maurizio Sacripanti, Peter Eisenman, Henri Ciriani, Clorindo Testa.

Nei trattati da Vitruvio a Leon Battista Alberti, da Sebastiano Serlio a Palladio, non troviamo la parola «spazio». Gli architetti si sono sempre espressi creando spazi, ma non li nominavano. Solo tra la fine dell'Ottocento e l'inizio del Novecento nasce il concetto di spazio architettonico come aspetto fondativo dell'architettura. È stato soprattutto lo storico dell'arte August Schmarsow, sul quale Alessandro Castagnaro ha pubblicato un libro accurato ed esauriente, a introdurre la categoria dello spazio in architettura. Uno spazio che ha alcune espressioni: lo spazio esterno e interno, lo spazio assoluto, chiaro ed essenziale come un teorema, e lo spazio fenomenico, da intendere come un mosaico di spazi diversi e di dimensioni varie, contenuti gli uni negli altri. La coscienza dell'esistenza dello spazio come cardine dell'architettura ha reso più comprensibili nei loro valori le opere di architetti come Francesco Borromini, Gian Lorenzo Bernini, Luigi Vanvitelli, Ferdinando Fuga, Nicholas Hawksmoor, Giovanni Battista Piranesi, Giuseppe Valadier, Pietro da Cortona.

Nel Novecento spazi straordinari sono stati creati, sempre ricordando pochi architetti tra i molti che potrei elencare, da Frank Lloyd Wright, Ludwig Mies van der Rohe, Le Corbusier, Giuseppe Terragni, Adalberto Libera, Luigi Moretti, Paolo Portoghesi, Vittorio Gregotti, Aldo Rossi, James Stirling, Oswald Mathias Ungers. Nella cultura architettonica italiana Bruno Zevi è stato lo storico più capace di comprendere l'essenza fondamentale dello spazio.

Prima di concludere, voglio tornare brevemente sui due tipi di spazio architettonico che ho individuato. Il primo è lo spazio assoluto, un ambiente vasto o ridotto composto solo dalle pareti e dalla copertura. Al di là delle sue dimensioni, è uno spazio solenne, assertivo, monumentale, nel quale si avverte l'intrinseca sacralità del costruire. Se si immagina realizzata la miesiana Convention Hall di Chicago, che il suo autore ha forse progettato ricordando la magnifica Aula Palatina di Treviri in Germania, si comprende subito il senso dei suoi incredibili interni. Il secondo è lo spazio fenomenico, costituito dalla compresenza di una serie di elementi di scale diverse, che danno vita a un racconto architettonico nel quale la luce gioca un ruolo importante. Questo spazio ha una tonalità scenografica, spesso drammatica, che ricorda le *Carceri d'invenzione* di Giovanni Battista Piranesi. Il Campidoglio di Chandigarh di Le Corbusier, in India, gli edifici di Louis Kahn a Dacca, la capitale del Bangladesh, il Banco de Londres di Clorindo Testa a Buenos Aires sono autentici e duraturi capolavori plastici narrativi, emozionali, ai quali il contrasto tra luci e ombre conferisce un'indimenticabile essenza misteriosa.

Lo spazio resta comunque, per me, e forse anche per tanti altri architetti, nonostante i miei tentativi di interpretarlo e di definirlo nei progetti, nei disegni, nelle riflessioni teoriche e nelle architetture costruite, per molti versi indicibile. Ogni volta che si raggiunge una qualche certezza su di esso, l'idea che ne abbiamo si sposta più avanti, aprendo verso nuove e prima sconosciute direzioni immaginative. L'unica cosa che si può dire con apprezzabile certezza è che lo spazio supera la dimensione dell'utilità, perviene a quella intellettuale e pone, nella sfera spirituale, domande alle quali è necessario ma anche molto difficile, e forse impossibile, rispondere. Ogni tentativo di comprendere cosa sia lo spazio architettonico è comunque un esercizio che potenzia le nostre capacità creative, orientandole nel modo più completo ed efficace. Altrettanto complessa, coinvolgente e misteriosa, al di là delle considerazioni proposte, è la relazione tra il tempo e lo spazio, che sicuramente riguarda i fondamenti più solidi e duraturi del costruire.

LA CITTÀ DEL BENE
E LA CITTÀ DEL MALE

Macchina zeviana, 1999

LUCI E OMBRE DELLA CITTÀ CONTEMPORANEA

Le finalità dell'architettura sono la costruzione, la continuazione e il miglioramento dell'abitare. Per questo suo compito essa è un'arte positiva che deve rendere chi vive sulla Terra sempre più libero, felice, in grado di realizzare, nel corso della sua esistenza, le proprie aspettative. Ho tratto questa definizione parafrasando un'affermazione di Le Corbusier che condivido pienamente, perché coglie la vera essenza del mestiere dell'architetto.

La positività della città è stata al centro delle scelte progettuali che la riguardano. La ricerca utopica ha elaborato nell'età delle avanguardie, e dopo un periodo di esclusivo interesse per il realismo, negli anni sessanta, numerose proposte, quasi tutte di notevole interesse. Antonio Sant'Elia, Paolo Soleri, Yona Friedman, Paul Rudolph, Kenzo Tange, i Metabolisti giapponesi, Maurizio Sacripanti, Archizoom, Superstudio, nonché gli studi romani Grau, Corso Vittorio, Metamorph, Paolo Portoghesi, Aldo Rossi e altri hanno pensato e proposto progetti di città che si proiettano nel futuro con immagini sorprendenti. Alcuni elementi ideali di questi progetti urbani avanzati sono presenti in qualche opera degli architetti citati, anche se solo Soleri è riuscito a costruire la città di Arcosanti, in Arizona, un insediamento che continua, anche se lentamente, ad ampliarsi.

Nel linguaggio verbale in uso nell'architettura i termini «ideale», «visionario» e «utopico» sono spesso considerati sinonimi, benché non sia del tutto così. L'idealità è l'aura di un'architettura o di una qualsiasi altra opera artistica – un quadro, una scultura, una poesia, un film – che sublima un contenuto elevandolo a una dimensione superiore, nella quale lo «spirituale nell'arte», citando Vasilij Kandinskij, venga rappresentato nella sua imprendibile essenza. La visione è invece uno sguardo che può interessare il passato, il presente o il futuro del mondo, uno sguardo che viene reso penetrante e profetico. Piranesi ha visto la Roma del suo tempo con una capacità, ancora insuperata, di portarne alla luce i contenuti segreti, fino ad allora inesplorati o mai intuiti. L'utopia è la prefigurazione di un'idea avanzata della società in tutte le sue manifestazioni.

Per quanto riguarda l'architettura, questa «forma del futuro» delinea un nuovo statuto urbano e le altrettanto inedite forme architettoniche che lo rappresenteranno. Dal concetto di utopia deriva una serie di sue varianti quali: l'eterotopia teorizzata da Michel Foucault, la presenza di luoghi altri e diversi che attraversano la realtà, cambiandone il senso; la distopia, che è il rovescio dell'utopia, il suo esito negativo; la retrotopia, vale a dire l'idea di riproporre qualcosa di precedente e di superato, come la «decrescita felice» di Serge Latouche, i progetti urbani di Léon Krier e il New Urbanism di Andrés Duany ed Elizabeth Plater-Zyberk. L'ipertopia spinge l'utopia stessa oltre le sue consuete e avanzate espressioni, come avviene nei progetti per città nello spazio o per navi-città le quali, se fossero realizzate, vivrebbero sempre sugli oceani in un problematico e costante isolamento. La transtopia esprime infine l'idea di un'architettura che rinuncia a una scelta univoca ibridando varie e contrastanti proiezioni nel futuro, proponendosi così come un'antologia e insieme un montaggio di visioni importanti del domani, cercando di andare oltre ogni precedente profezia innovativa.

Le utopie architettoniche sono sempre orientate a rendere l'abitare più accogliente, ma si configurano anche come coraggiosi tentativi di arginare il male. Esse costituiscono infatti altrettante alternative alla degenerazione, alla frammentazione, al caos, alla casualità, alla violenza. Animata dalla ragione, l'utopia mette insieme il reale e il fantastico, il possibile e l'impossibile, il certo e il probabile. Luogo di metamorfosi epocali, costituisce sempre una sfida alla realtà, dalla quale spesso non esce vincente, sebbene la sua sconfitta produca comunque valori importanti. A questo proposito la famosa affermazione di Ernesto Rogers, «l'utopia della realtà», suona quanto mai enigmatica e variamente interpretabile. Può significare che la realtà è di per sé utopica o che contiene fermenti utopici da rendere operanti o, ancora, che la realtà è di fatto inaccessibile in quanto sempre da doversi compiere.

Dalla positività dell'arte architettonica discende il fatto che essa non dovrebbe esprimere il dolore, il disagio, l'impossibilità, il disordine, il pericolo, il male, il brutto, la disarmonia. Tuttavia queste dimensioni negative, rappresentate in modo consapevole o inconsapevole da non pochi architetti, continuano a caratterizzare il territorio-paesaggio, la città, gli edifici che la popolano.

Da questo punto di vista è interessante rilevare che la nozione di bellezza, legata per secoli all'idea di ragione come forma invariante della classicità, ha rifiutato, nel Novecento e nei primi anni del nuovo secolo, se stessa, includendo il suo contrario in una sorprendente e operante inversione. La categoria dell'«antigrazioso», introdotta dal Futurismo, ha avuto in tal senso un ruolo decisivo e duraturo, come in Occidente lo avevano avuto le poetiche romantiche, basti pensare all'opera di Baudelaire, soprattutto *I fiori del male*. Il rapporto tra il bello e il brutto non è più antagonistico, come fino a tre secoli fa, proprio perché la presenza contemporanea e contraddittoria nell'idea del bello della dimensione del bene e del male è divenuta del tutto normale, avendo fatto propria anche la discutibile esteticità dei meccanismi comunicativi. In effetti il mondo mediatico è oggi considerato dai più come un universo in espansione del quale una favoleggiata bellezza, pervasiva e transitoria, dovrebbe essere insieme lo strumento e il fine.

Nell'architettura del Novecento, tanto per limitare alla modernità e alla contemporaneità un campo molto esteso, esiste, soprattutto nel settore dell'urbanistica, una vasta produzione di soluzioni progettuali per migliorare la città e renderla sempre più sicura, più a misura d'uomo, maggiormente efficiente, ordinata e bella. Una città armoniosa, in cui ci si dovrebbe sentire protetti, nonché circondati da presenze architettoniche di notevole qualità ma non invadenti, una città che comunque molti continueranno a ritenere statica, afasica e conformista. C'è anche da dire che, nonostante gli abitanti della città vogliano che tutto funzioni, che in essa regni l'ordine, che vi sia una costante attenzione per la salubrità ambientale, per un verde curato, per un'adeguata manutenzione, nel loro immaginario esiste un non detto, ovvero il desiderio del contrario di tutto ciò che è tranquillo, equilibrato e ben organizzato.

In questo pensiero interiore, spesso inconsapevole seppure fortemente presente, si ama una città oscura, luogo di agguati, situazioni drammatiche ed eventi misteriosi e terrorizzanti, una città disorientata, angosciante. È, per esempio, la Gotham City del *Batman* di Tim Burton a essere desiderata, e non la città in cui si vive. Nel Novecento e nei primi vent'anni del nuovo secolo il cinema, la letteratura, la drammaturgia e altre arti hanno rivelato la natura buia, dura, implacabile nei suoi ritmi segreti che domina la fantasia di chi dice di volere che la propria città sia quieta, efficiente, accogliente. In questa contrapposizione il bello e il brutto, il bene e il male, la luce e il buio riescono, non si sa come, a divenire una consuetudine.

La città, occorre ricordarlo, è un luogo di conflitti di varia natura, così come di accordi più o meno transitori. Alcuni di questi contrasti trovano una composizione parziale e temporanea, altri rimangono per sempre irrisolti, per esempio il conflitto tra la visione individuale della vita urbana e quella collettiva. Si tratta di due concezioni molto diverse della città, la prima iscritta nell'esperienza personale del quartiere in cui si abita, ampliata verso la comprensione della totalità urbana; la seconda costituita da una moltitudine di vicende e di letture tutte diverse, il cui esito è una loro media proporzionale. La memoria che la città ha di sé è quindi il risultato del contrasto tra due diversi orientamenti interpretativi, una memoria duplice, per sua natura accompagnata da tensioni, divergenze, incomprensioni.

Dalla contraddizione tra la volontà che la città sia sempre più vivibile e il desiderio, non dichiarato, che ci metta duramente alla prova nasce un'insoddisfazione che può generare rivolte, come quella delle banlieue parigine nel 2005. Lo sgradevole, il mostruoso, l'improprio, lo sconosciuto si mescolano in una combinazione alchemica con il consueto, il regolare, il piacevole.

La convivenza di bene e male ha un effetto anche sul tempo della città. Il presente è molto spesso lo spazio esistenziale del disagio, della scontentezza, dell'approssimazione, a volte di un'infelicità immotivata. Invece il passato, anche se è stato disastroso, insignificante, inconsistente, deludente, viene rivissuto positivamente a causa della sua distanza da noi, un tempo che produce una grande nostalgia per ciò che è stato. Allo stesso modo il futuro è visto con ottimismo, come se dovesse in quanto tale migliorare la nostra vita, rendendola più colma di accadimenti graditi, corrispondenti in pieno alle nostre aspettative. Come ciò che è conosciuto sembra sempre meno importante di quanto ancora non si conosce, più crediamo nella «città giusta», ricordando una felice definizione di Ugo Ischia, più subiamo il fascino della città della perdizione, della caduta, dell'annullamento di sé. Per questo motivo il ciclo di affreschi *Allegoria ed Effetti del Buono e del Cattivo Governo* di Ambrogio Lorenzetti, sulle pareti del Palazzo Pubblico di Siena, non descrive due condizioni alternative della città, ma due aspetti opposti e sempre compresenti.

L'imponente crescita delle città del Novecento ha prodotto la dissoluzione della precedente *forma urbis*, causata da uno sregolamento delle nuove aree edificate, una «modificazione» radicale, per usare un termine caro a Vittorio Gregotti, considerata per un verso un aspetto negativo dell'evoluzione urbana e intesa per l'altro come la manifestazione riuscita di un'episodica dinamicità strutturale che rinvia alla pittura informale, nella quale la casualità compositiva vorrebbe incarnare il superamento di un'idea di ordine inteso come qualcosa di rigido e convenzionale.

La dualità della città espressa dalla convivenza di bene e male, bello e brutto, regolare e irregolare – si pensi alla metafora stevensoniana rappresentata dalla sovrapposizione del saggio Dottor Jekyll al luciferino Mister Hyde – non è stata intesa, nell'urbanistica del secolo scorso – urbanistica che è per me, lo ripeto ancora una volta, un ambito scalare dell'architettura e non una disciplina autonoma – come una realtà da tenere presente in tutte le sue conseguenze.

Aver tralasciato le categorie negative della città ha fatto sì che la sua pianificazione si sia rivelata, nonostante le previsioni spesso accurate, sostanzialmente inefficace. Ricordando il senso dei mortali conflitti tra Caino e Abele e Romolo e Remo, nei quali si rende esplicita la lotta endemica tra il male e il bene nella città, con la prevalenza del primo, e includendo in questa operante mitologia i romanzi *Cocaine Nights* e *High Rise* (*Il condominio*) di J.G. Ballard, si può dedurre che, se il piano urbanistico occupasse un ruolo meno ampio e prescrittivo nella definizione dell'insediamento urbano, si potrebbe attivare un'«anarchia prestabilita» che permetterebbe di confinare il male ai margini della comunità, aprendo spazi sempre più vasti al bene.

FRA DITTATURA AMBIENTALE E DIGITALE

Spostando il discorso dal piano ontologico dei contenuti elevati espressi dalla compresenza nella città del bene e del male a un livello più concreto, consistente in ciò che in essa è proprio e improprio, produttivo e dannoso, la prima considerazione concerne un fenomeno di importanza rilevante.

In conseguenza dell'avvento dell'era digitale, oggi il virtuale è ritenuto la vera realtà, mentre ciò che è materiale, concreto, oggettuale si configura come un simulacro. Da questa inversione, vissuta quasi sempre in modo subliminale, deriva il fatto che è la città virtuale quella reale, una realtà aumentata.

La «città fisica», invece, un concetto di Ludovico Quaroni, nella quale ci si muove e si agisce, non diventa la scena fissa della vita, come pensava Aldo Rossi – a mio avviso superinterpretando con spirito letterario e con un'intenzionalità autobiografica la città stessa –, ma uno scenario immateriale, lo sfondo di un'incessante, totale performance mediatica e quindi illusoria, individuale e al contempo collettiva. La conseguenza di questo rovesciamento concettuale è uno scenario di costante disorientamento, in cui si finisce con il delegare al digitale il governo di ogni funzione urbana, nonché di qualsiasi contenuto la città possieda.

La *smart city*, una definizione che non apprezzo ma che a volte sono costretto a usare, è l'ingannevole campo nel quale la città contemporanea sembra esprimersi al massimo delle sue potenzialità. Rifiuto il virtuale come vera realtà perché scambia la concretezza e la verità con l'immateriale e la finzione. Tale concezione è il risultato della trasformazione delle risorse digitali, senz'altro necessarie, da sofisticato e potente strumento a finalità superiori, a loro modo post-umane, molto vicine a una religione, come è possibile constatare leggendo ciò che scrive Carlo Ratti sul futuro degli insediamenti urbani e delle architetture in cui essi si traducono. Se riflettiamo con la necessaria attenzione sulla contemporanea condizione della città non possiamo non rilevare che il suo governo non è più affidato alla politica, con la sua complessa dialettica, nella quale è coinvolta la comunità urbana, e con i tempi lunghi che la caratterizzano; ogni aspetto della vita del territorio-paesaggio e della città è attualmente regolato da un sapere elettronico che non ha e non vuole avere interlocutori né tantomeno, se esistessero, intende esserne condizionato.

La sacralizzazione del digitale ha anche un altro effetto: quello di occultare la genetica dualità tra il bene e il male. Nell'ambito del digitale, l'«ossigeno del respiro globale», tutto appare buono, bello o in procinto di diventarlo. Il male sembra scomparso, sebbene continui a esistere e a operare. Al momento esso è considerato come una rara eccezione, utile a rendere più evidente il suo contrario. Nessun dubbio, nessuna domanda sul fatto che al digitale venga riconosciuto un potere che va ben oltre le sue possibilità, con la conseguente progressiva scomparsa, come ho appena detto, del ruolo della comunità nell'evoluzione della società e dell'abitare, in cui essa trova una delle sue rappresentazioni, forse la principale.

Un'altra domanda che si ripropone nelle mie riflessioni sempre di più e con urgenza crescente riguarda la convinzione, oggi molto diffusa, che sia necessario introdurre più natura nella città. Tutto l'ambientalismo è permeato dal desiderio di rinaturalizzare gli insediamenti urbani nella prospettiva di rigenerarli, cioè di farli nascere di nuovo. Tale volontà è giusta, ma non quando non considera la città come l'esito di un necessario distinguersi dalla natura. Natura che, come raccontano i trattatisti a partire da Vitruvio, se non fosse «corretta» potrebbe costituire un costante pericolo per gli esseri umani.

All'interno del pensiero ambientalista più radicale l'architettura non è più ritenuta qualcosa di sostanzialmente alternativo alla natura – che include una natura rielaborata e spesso, in più sensi, *ricreata* –, ma una semplice estensione della natura stessa a cui, quindi, l'architettura apparterrebbe.

Per sintetizzare, nella visione iperecologica del naturalismo estremo il carattere artificiale del costruire è di fatto negato. Una convincente prova di quanto ho detto è costituita dalla teoria esposta da Gilles Clément nel libro *Manifesto del Terzo paesaggio*; in sostanza, secondo l'autore occorre lasciare che la natura riprenda il dominio assoluto nell'abitare. Il verde a Roma, ormai una presenza selvaggia, è il risultato di una vera e propria «neoideologia naturalista» che nega sia l'Umanesimo sia la necessità che esso sia riformulato nei termini di un più armonico e meno invasivo rapporto tra noi e il mondo in tutti i suoi aspetti. Nella visione ultraecologica del naturalismo la visione umanistica, che senz'altro ha bisogno di essere riformulata, è quindi di fatto negata.

All'origine utopica della capanna primitiva si sostituisce così il pensiero retrotopico che oggi domina gli scenari futuri del pianeta. Il tutto in una stridente contraddizione tra un ritorno a una totalità naturale – si pensi a Rousseau – e un opposto totalitarismo elettronico, pressoché onnipresente, a capo di una tecnologia sempre più pervasiva. Una tecnologia che trascende l'umanistica dimensione tecnica, avendola circondata di un'aura demiurgica, che esalta attitudini in possesso di una sempre più ristretta aristocrazia. Data questa condizione non è difficile riconoscere nell'ipertopia rinaturalizzante il male possibile di un'idea dell'abitare solo apparentemente inteso come un semplice prolungamento della natura, ma che in realtà è l'esito di una dittatura ambientale politicamente corretta che potrebbe finire con il sostituire gli esseri umani con le loro copie virtuali.

IL DISAGIO URBANO

Prima di concludere questo viaggio nel bene e nel male della città voglio proporre un'altra riflessione. I centri urbani sono da qualche decennio altrettante totalità periferiche, nel senso che il centro storico, quasi sempre straordinario, è dimensionalmente come il piccolo seme di un frutto sempre più grande. Un seme, come a Roma, le cui complesse funzioni sono state, negli ultimi anni, ridotte di numero e tipi. Come è accaduto in molte altre città, oggi il centro storico della capitale si è in gran parte trasformato in un tentacolare *shopping mall* a cielo aperto nel quale sono rimasti qualche museo e la città «politica», mentre la grande vitalità della cultura, del molteplice lavoro artigianale, del commercio minuto, delle attività e delle abitudini che lo alimentavano è andata perduta. Nel frattempo la periferia ha raggiunto, e non solo a Roma, livelli non più tollerabili di degrado della comunità e del tessuto edilizio in cui essa vive.

Non è facile comprendere perché quasi tutti coloro che abitano le periferie non facciano altro che accelerare il disfacimento delle proprie case con pratiche distruttive, come nel caso dello Zen di Palermo, di cui per inciso sono uno degli autori, del già citato Corviale di Roma, di Rozzol Melara a Trieste. La manutenzione degli edifici, trascurata da anni dagli enti che dovrebbero occuparsene, è accompagnata da ogni tipo di abuso. L'architettura dei quartieri periferici, spesso di grande qualità, è per questo motivo sempre più compromessa o resa letteralmente invisibile da logge e balconi sfigurati da chiusure totali o parziali, armadi, piccole caldaie, finestre protette da inferriate diverse da appartamento ad appartamento, nuove canne fumarie, parabole satellitari, condizionatori, numerose sopraelevazioni, alcune di superfici consistenti, tende di colori differenti casa per casa.

Non è semplice individuare le ragioni di questo degrado, anche se molte letture sociologiche le assolvono, quando non le dimenticano del tutto. Forse questa volontaria denigrazione collettiva, che vede come attivi militanti molti di coloro che risiedono nelle periferie e che è a malapena compensata dall'autogratificante soggettivismo presente nei social media, deriva da un comportamento contraddittorio: se per un verso si ritiene necessario distruggere la propria casa per mettere in evidenza il suo valore economicamente modesto, oltre al fatto di averla avuta con una concessione percepita come una diminuzione sociale, per l'altro la si vuole personalizzare al massimo per affermare la propria identità.

Certo è che la base di questo «decadere» dell'abitare, la sua causa, è un disagio urbano apparentemente insanabile, una sofferenza concettuale che non deriva tanto dalla classe sociale alla quale si appartiene, dato il declino storico di questa categoria, quanto dalla difficoltà di sapere prima di tutto chi si è veramente in rapporto agli altri e se il contesto in cui si vive è in grado di consentire la realizzazione del progetto che si è scelto. Nel mondo globale, che ha per motore il rito consumistico e il digitale, chi ne è escluso o vi è inserito in modo precario non riesce a elaborare strategie che lo ridimensionino, perché la società attuale è fatta di individui isolati. Persone la cui massa sterminata non riesce a riconoscersi e soprattutto a considerarsi come una reale alternativa alla sua stessa marginalità.

Un'altra e più complessa manifestazione del disagio urbano è la *street art*. Scritte, graffiti, affreschi piccoli, medi e grandi – penso a Roma e a Napoli – su facciate cieche o dotate di aperture si sovrappongono alla città in una contemporanea, babelica e infinita confusione cromatica. Aggressiva, invadente, molteplice, la *street art* è un'espressione del bene perché permette a un'energia potenzialmente devastante di limitarsi a rendersi evidente e, rare volte, anche formalmente e coloristicamente valida. È insomma una ricerca spesso casuale, che prova comunque a produrre emozione e a generare una coscienza diversa della città. Al contempo, però, insieme a una dimensione poetica che questo tipo di intervento assume attraverso i suoi migliori protagonisti, la *street art* ha anche un significato negativo, poiché ha sull'ambiente urbano un ruolo distruttivo, un effetto destabilizzante, precario, quasi il presagio di tempi sempre più imprevedibili, difficili e conflittuali, come se anticipasse l'apocalisse imminente della comunità urbana.

La comunicazione spontanea che la *street art* propone è una reazione importante a quella mediatica, ma la sua incontrollabile presenza non riesce ad andare oltre la protesta. L'accidentata decorazione di muri, infrastrutture, edifici è la metafora visiva di un prossimo e immenso rudere della precedente continuità della vita urbana. Continuità che forse è già una maceria nascosta ai nostri occhi dalle mutevolezze tonali e timbriche impresse dappertutto come scritture drammatiche. Un aspetto più che spiacevole della *street art* è il fatto che considera l'architettura, anche qualche monumento, come un mero supporto, qualcosa che non è l'esito di un linguaggio complesso, denso dei valori dell'abitare, delle memorie che esso conserva, ma un semplice materiale anonimo, un contesto solo funzionale che può essere sopraffatto dall'aggressione di segni in massima parte sintomo di un malessere crescente. L'architettura ha sempre ospitato nelle facciate scritte – si pensi alle splendide lettere in bronzo sulla trabeazione del Pantheon –, decorazioni, a volte straordinari graffiti, ma nell'ambito di un quadro compositivo unitario. Il fatto che anche gli edifici di grande qualità siano oggi sfigurati da ogni tipo di intervento, seppure a volte corretto, perché la fioritura implacabile della *street art* nega il loro senso e la loro stessa presenza, è un fenomeno negativo che molti architetti non comprendono e quindi non contrastano.

All'inizio del percorso affrontato in questo capitolo ho detto che l'architettura è un'arte positiva. Alla fine del mio itinerario, mi chiedo come l'architettura possa avere questo carattere salvifico se nella città è attiva anche la dimensione negativa del male, della violenza, del disfacimento. Non posso che rispondere affermando che l'architettura è un'arte positiva proprio perché è un'alternativa fortemente operante alla disgregazione del territorio-paesaggio, alla decadenza della città, al ridursi del linguaggio del costruire a un parlare atopico e afasico, un esperanto globale senza alcun significato.

Se è vero che il male non potrà mai essere sconfitto, è anche vero che lo si può combattere e limitare, prendendo prima di tutto atto della sua esistenza, imparando a riconoscerne le strategie, individuando chi e che cosa vorrebbe contaminare, conoscendo i numerosi ambiti sociali nei quali si manifesta. Se gli architetti fossero veramente coscienti della presenza plurimillenaria del male nel territorio-paesaggio, credo che non sarebbe troppo difficile impedirne le devastazioni.

FORESTE E METROPOLI

Paesaggio 2, 2014

L'INTERDIPENDENZA AMBIGUA FRA CITTÀ E NATURA

Nelle narrazioni di molti trattatisti, a partire da Vitruvio, la foresta è il luogo nativo dell'architettura. Gli esseri umani dovevano proteggersi dal vento, dalla pioggia, dall'aggressione di belve che si aggiravano nel sottobosco alla ricerca di prede. Da qui la concezione della capanna primitiva, il rifugio primario, e poi della radura, di cui ho già parlato, uno spazio libero – ottenuto abbattendo gli alberi – che consentiva di controllare l'intorno occupato, poi, progressivamente, da un certo numero di capanne che formavano un villaggio. È la nascita del primo insediamento umano, il seme di quello che sarà, molto dopo, una città.

In realtà gli archetipi dell'architettura sono tre. Il primo è quello appena descritto. C'è poi la grotta, spesso decorata da pitture primitive di leggendaria energia figurativa, l'auspicio di una caccia fortunata che le immagini anticipavano con un rito propiziatorio. Dalla grotta discenderà, dopo qualche millennio, la cupola, da quella della tomba di Agamennone a Micene, al Pantheon, a quelle di Filippo Brunelleschi a Firenze e di Michelangelo a Roma, a quelle «spontanee» di Alberobello. La terza forma archetipica di costruzione è la tenda, presente in ogni cultura in soluzioni differenti, spesso semplici, a volte anche molto complesse. Il concetto di padiglione – una parola derivata dal francese *papillon* – nasce per esempio dalle due falde di una tenda che facevano pensare alle ali di una farfalla.

A differenza della grotta e della tenda, la capanna primitiva è la costruzione che ha avuto un ruolo fondamentale, è stata il luogo concettuale determinante di una teoria dell'architettura. Tale archetipo è centrale perché contrasta la foresta, di cui è un antipolo logico, nel momento stesso in cui è realizzata con elementi prelevati da essa, come i tronchi, i rami, gli arbusti da utilizzare per realizzare stuoie, le foglie con le quali coprirla. La capanna primitiva sarà poi idealmente parafrasata nella traduzione in marmo, come è accaduto nell'architettura greca, i cui templi ricordano il passato del costruire con il legno, trasformandolo in una sorgente infinita di forme sublimi. Nell'architettura egizia, che precede quella greca, la capanna non aveva costituito un principio, mentre la foresta aveva ispirato le immense sale ipostile degli edifici templari, l'imitazione architettonica di un'alberatura monumentale.

L'architettura occidentale, intesa come sistema teorico e operativo, ma anche quella orientale, sebbene con minore incisività, hanno dato vita a una dialettica costante tra la foresta e la città. Quest'ultima non poteva fare a meno della natura, la cui presenza doveva però armonizzarsi con la città non agendo nel tessuto urbano con tutta la sua forza, bensì riducendo la sua energia, accordandola all'abitare umano. Non poteva esserci nella città un'area occupata da una vera foresta, dall'incontrollabile rigoglio, ma un parco attentamente disciplinato, oltre a giardini, circoscritti e curati, e a una serie di orti governati da un lavoro costante che li rendesse produttivi.

La città come mutazione genetica della foresta – con la densità delle case, con strade come l'ingrandimento dei sentieri che la attraversano, con piazze come radure tra gli alberi – si è sempre associata al suo contrario, all'idea che la città stessa debba essere l'opposto di un bosco, l'*altro da questo*, esprimendo così il senso dell'essere umano, il vertice di tutto ciò che al mondo è vivente, secondo la tradizione dell'Umanesimo, che, come ho già detto, è necessario ripensare sulla base di concezioni meno assolute ed esclusive. Da qui una persistente ambiguità. Ci si difende dalla natura nella città, ma essa non ci sarebbe senza la natura, che fornisce la materia con la quale realizzare gli insediamenti. L'essere umano condivide molti aspetti con la vita animale, ma al contempo vuole appartenere, senza alcuna presunzione, a una categoria diversa di viventi, in virtù di uno straordinario salto genetico. Come ho già ricordato, quest'ambiguità, che dovrebbe essere superata da un nuovo pensiero non ostile all'umano, come avviene per esempio nell'apocalittico libro *Fragile umanità. Il postumano contemporaneo* di Leonardo Caffo, è stata costante fino al Novecento, quando gli esiti della ricerca di Charles Darwin hanno ridisegnato la vicenda dei vari generi di organismi presenti sulla Terra.

LA BABELE DEGLI SPAZI URBANI

All'origine della città moderna, antecedente alla rivoluzione industriale, la quale ha radicalmente modificato la struttura e la vita degli insediamenti precedenti inaugurando una nuova concezione dell'abitare in Occidente, credo ci sia l'opera di due grandi personalità e, prima ancora, un evento catastrofico. Tale origine può essere identificata nel Grande incendio di Londra del 1666, che segue di un anno una grave epidemia di peste. Il collasso della capitale britannica è il simbolo della fine di un ciclo evolutivo dei centri urbani iniziato con l'Umanesimo e poi affermatosi in tutta Europa nel Rinascimento.

In quell'occasione vengono proposti vari progetti per la ricostruzione della città, in gran parte distrutta dal *Great fire*. La nuova Londra disegnata da Christopher Wren è in realtà una sua totale rifondazione, una città governata nel suo tracciato da una geometria complessa. L'architetto inglese concepisce un sistema di aree edificate, edifici speciali e percorsi in cui zone di tessuto regolare sono dinamizzate da alcune polarità, creando una positiva tensione spaziale che gerarchizza l'insieme del costruito. Il progetto dell'autore della Saint Paul's Cathedral, così come gli altri, non avranno seguito, perché si preferirà confermare il precedente tracciato. Ciò non toglie che la visione di Wren sia capace di suggerire alla cultura architettonica l'idea di una città nuova, che alterni uniformità e variazione, esprimendo in questo modo una coinvolgente dualità. Va anche notata una stretta analogia tra l'invenzione della Roma di Sisto v, disegnata da Domenico Fontana, negli anni ottanta del Cinquecento, e l'innovativo insediamento urbano ideato da Wren. Il Piano Sistino è il primo progetto urbano basato sull'intersezione di alcuni assi congiungenti le basiliche romane, i quali danno vita a un insieme stabile e al contempo dinamico, aperto ma anche morfologicamente definito. La Londra di Christopher Wren, pur essendo rimasta sulla carta, anticipa nel suo complesso disegno il Piano di Washington di Pierre-Charles L'Enfant, dove è però presente anche il simbolismo massonico.

Il gesuita Marc-Antoine Laugier, nato nel 1713, è la prima delle due personalità che hanno contribuito più di altri studiosi o architetti alla concezione della città moderna. È con lui che, a metà del XVIII secolo, la stretta parentela tra la foresta e la città smette di essere implicita o narrata in termini mitologici dai trattatisti di architettura e diventa una convinzione consapevole. Questo parallelismo è fondamentale anche perché si basa sulla presa di coscienza della discendenza reciproca dei due mondi, che va oltre la semplice analogia tra essi e che ha prodotto nel tempo mutazioni irreversibili e notevoli distinzioni.

Quando i fiumi attraversano una città, devono essere contenuti entro margini solidi che evitino allagamenti e alluvioni, con le relative devastazioni. I parchi e i giardini sono necessari, oltre che utili a migliorare il clima e a costituire realtà vegetali che è bello visitare, ma solo a condizione che siano sempre regolati e resi sicuri. Essi non possono esprimere tutta la loro forza vitale perché ciò metterebbe in pericolo gli abitanti della città. Nella presenza urbana della natura non ci devono essere piante non previste che invadono marciapiedi e strade, che infittiscono troppo un parco o un giardino, rendendolo meno agibile e quindi meno piacevole alla vista o non adatto a sostarvi.

La foresta è la metafora della città e la città lo è della foresta. La dantesca «selva oscura» è, come in molte fiabe, un ambiente pericoloso, misterioso, impervio, dove ci si può perdere, ma anche la città lo è, in quanto luogo di corruzione, di atti criminosi, di infelicità diffusa, di progressiva espulsione di ceti sociali dalla comunità. Tutta la letteratura del Novecento, come ho già accennato, il cinema – si pensi a *Giungla d'asfalto* di John Huston e *Taxi Driver* di Martin Scorsese, ma ci sono molti altri film che rappresentano la città come un bosco terrorizzante – e l'arte figurativa mostrano ampiamente lo smarrimento, la solitudine, i contrasti urbani, come accade nella pittura espressionista e, in modo più diretto, in quella della Nuova oggettività di George Grosz, Max Beckmann, Otto Dix, Christian Schad.

Anche se Marc-Antoine Laugier non era un architetto ha formulato, con il suo *Saggio sull'Architettura*, il principio teorico che è ancora oggi alla base delle città in cui viviamo. Tale principio non è altro che la conferma che «la città è come una foresta», vale a dire che la prevalenza del primo modello architettonico, quello della *cabane rustique*, la capanna rustica, è dovuta al fatto che nell'epoca in cui gli esseri umani erano cacciatori e raccoglitori la foresta dominava. Per gli storici della botanica, la nostra penisola era ricoperta interamente di querce, mentre le foreste si estendevano in pressoché tutte le zone temperate del pianeta. Successivamente, quando si affermeranno l'agricoltura e l'allevamento, le aree boscose si trasformeranno in zone sempre più ampie da coltivare. Le grotte verranno abbandonate e la tenda diverrà la soluzione abitativa primaria per le popolazioni migranti solo quando la tessitura sarà stata perfezionata. Va ricordato che Gottfried Semper deduceva dalla sua idea di *capanna caraibica* che la tessitura e la struttura della capanna stessa erano coeve. La foresta è quindi l'ambito naturale più influente nel pensare il costruire. «La città è come una foresta» ha come conseguenza che essa è regolare ma deve essere anche irregolare, per evitare la monotonia; che il suo tracciato va variato; che la semplicità deve essere mitigata dalla complessità. Al contrario, l'edificio viene ritenuto da Marc-Antoine Laugier l'esito di una logica univoca, derivante dalla capanna rustica. Tutto ciò che è superfluo, che costituisce un ostacolo alla chiarezza di questo schema strutturale e formale va eliminato.

Il modello concreto dell'idea laugeriana della città come foresta è, a mio avviso, il Parco di Versailles di André Le Nôtre, un sistema di direzioni incrociate, di assi convergenti in un punto e di radure nel fitto del bosco che il grande paesaggista francese aveva contrapposto alla maestosa reggia del Re Sole. Non credo che André Le Nôtre conoscesse il Piano di Londra di Christopher Wren, ma mi sembra evidente l'analogia tra le idee dell'architetto e matematico inglese e quelle dell'autore di splendidi incontri tra la natura e l'artificio, autentici monumenti viventi, mutevoli durante le varie stagioni. Altrettanto convincente è l'analogia tra ciò che Laugier ritiene debba essere il disegno della città e la geometria della «foresta progettata» di Versailles. Riferendo l'insediamento urbano al bosco ritengo che egli abbia voluto dire, tra le righe ma non troppo, che la città deve trarre gran parte dell'energia dal suo essere una derivazione della natura stessa, un'entità che deve sempre rispecchiarsi nella sua origine: la foresta. Aggiornando quanto scritto da Vitruvio, Laugier sostiene che l'alleanza tra l'architettura e la natura deve essere sempre più solida e operante, ma all'insegna sia di una costante dialettica nelle città tra uniformità ed eccezione sia di un'assoluta logica strutturale e formale negli edifici.

Dopo Laugier e, credo, in misura maggiore di lui, è Piranesi il più avanzato e determinato inventore della città moderna come un ideale immaginario da affidare al futuro perché diventi reale. Sia il frontespizio della serie di incisioni sulla ricostruzione del Campo Marzio sia le sedici tavole delle *Carceri d'invenzione*, soprattutto nella seconda versione, sono più di un trattato sulla trasformazione della città. Più giovane di sette anni del gesuita francese, Piranesi diverrà, una volta scelta Roma come città in cui vivere, non solo l'interprete più assiduo e profondo della Città eterna, ma anche colui che le conferirà una nuova aura di mistero. Si tratta di una contraddizione creativa nella quale l'analisi dei monumenti, che anticipa la nascita dell'archeologia moderna, si affianca a una parallela e per più versi inconoscibile identità, conferita a questa stessa architettura sapientemente decifrata. Nel frontespizio del *Campo Marzio* assistiamo al dispiegamento di un numero così ampio di edifici uno diverso dall'altro da sovvertire l'idea stessa di tipologia. Il concetto di obbligata varietà delle piante degli edifici dissolve infatti la nozione di tessuto urbano in quanto «ripetizione differente» di poche tipologie che dovrebbe invece essere sempre possibile riconoscere, nonostante la loro espressione linguistica sia interpretabile in più modi. Il tessuto urbano sarà da allora in poi pensato come l'affastellarsi di una serie senza fine di edifici diversi, un «tessuto negativo».

Contemporaneamente le *Carceri d'invenzione* sono la profezia di un accumulo di elementi nello spazio che diventa opprimente, ossessivo, tragico, uno spazio fatto di più spazi in cui la luce è prigioniera. Una luce aggressiva ma attenuata, che annuncia l'imminente presenza del buio, una luce che da un lato descrive con precisione alcune parti di questi interni smisurati e dall'altro lascia indistinte certe componenti di un'architettura di uno spazio fenomenico colossale, superumano, stravolto, un universo che spinge oltre ogni limite la sua essenza claustrofobica. Un ambiente «crudele» che Piranesi trae probabilmente da una scenografia di Luigi Vanvitelli per la tragedia *Tito Manlio*, esaltandola e insieme trasformandola in una nuova spazialità. Il *Campo Marzio* piranesiano afferma che la tipologia può essere così precisa e creativa da far sì che ogni edificio sia un tipo a sé, autodistruggendo in tal modo la sua appartenenza a un genere, una scelta teorica e poetica che decostruisce totalmente l'idea di una città come sistema di architetture che si confrontano tra loro, concentrando il suo senso in ogni architettura e non più nel suo rapporto con gli altri edifici.

Al contempo lo spazio urbano si fa compresso, ripetitivo, ciclico, periodico, anticipando quello della città moderna, ma anche lo spazio della *Biblioteca di Babele* di Jorge Luis Borges, un'altra splendida metafora urbana della mente.

Sono da sempre convinto che non ci sarebbero New York e altre metropoli o megalopoli senza il progetto di Londra dopo il Grande incendio, il *Saggio sull'Architettura* e il *Campo Marzio* piranesiano. Quest'ultimo è una foresta, non molto diversa, anzi, piuttosto vicina, a quella laugeriana. La Londra sognata da Christopher Wren aveva anticipato l'idea del gesuita francese, anche se non sappiamo se lui la conoscesse. La concezione della città di Laugier viene poi accelerata e resa molto più visionaria, ma anche più reale, dall'estremismo creativo di Piranesi. Nelle immagini zenitali di New York le foreste di grattacieli ricordano in più punti, nei loro interni urbani, le *Carceri d'invenzione*, delle quali non si vede mai il soffitto, come se non ci fosse. Le torri piranesiane unite da passaggi e scalinate vertiginose, da cui scendono funi, affondano le loro radici iconiche sia nelle sale ipostile dei templi egizi, anch'essi derivati da fitti palmizi, sia nelle cavità umide e tenebrose del Palatino, sono i modelli sorprendenti e affascinanti degli accumuli di torri a Manhattan. Per finire, nella famosa isola, la foresta di grattacieli, più rigogliosa sia alla sua estremità, a monumentalizzarne la punta sulla baia dell'Hudson, sia nella sua parte centrale, con l'argentea cuspide del Chrysler

Building, accerchia quella del Central Park. Una foresta artificiale circonda quella, altrettanto artificiale, fatta di alberi, radure, rocce, alcune granitiche, scalfite da antichissimi ghiacciai, altre collocate in questo «ricordo costruito» del perduto paesaggio originario di Manhattan dal grande Frederick Law Olmsted. Queste due foreste ci ricordano quanto l'ambiente nativo dell'architettura abbia saputo conservare la sua memoria ancestrale trasformandola nell'energia necessaria proprio per la sua origine e per i suoi tanti e successivi nuovi inizi.

CONCLUSIONI

Esercizio 1, 2018

I cinque percorsi affrontati in questo volume – altrettanti percorsi elementari del costruire da ripensare in tutti i suoi aspetti – mi hanno permesso di raccogliere in un insieme discorsivo alcune idee che negli ultimi anni si sono affacciate alla mia mente nella forma di questioni da risolvere. La prima consiste nella necessità di ricostruire l'unità dell'architettura dopo la sua frammentazione in saperi specialistici autonomi, avvenuta dagli ultimi decenni del Novecento e in corso ancora oggi. Si tratta di ricondurre tali saperi alla sfera dell'abitare, inteso nella sua dimensione fisica molteplice e compiuta, come la rappresentazione della vita umana nella totalità del mondo. Il processo conoscitivo definito dall'architettura moderna nel periodo delle avanguardie consisteva nel discendere dalla concezione unitaria del costruire ai suoi singoli settori a cui, da un certo punto in poi, si è voluto dare un valore autonomo, trasformandoli in questo modo in saperi specifici.

Nel prossimo futuro sarà necessario e urgente invertire questa dispersione del corpo architettonico, senza negare gli specialismi – un'operazione che sarebbe impossibile portare a termine e forse anche iniziare –, facendo interagire tali saperi specifici al fine di renderli altrettante sezioni di una progressione logica di scelte. Per fare un esempio, l'esistenza di scale dimensionali non comporta in alcun modo che il passaggio dal territorio-paesaggio alla città e all'edificio debba avvenire attraverso discipline diverse. In effetti i tre ambiti scalari non sono altro che tre aspetti dell'abitare il quale è, come dimostra la sua storia, un perfetto amalgama di elementi insediativi, di tracciati e di edifici che racconta il significato umano dell'essere al mondo. Sono da sempre convinto che l'urbanistica o la paesaggistica, una parola cara a Bruno Zevi, sono aspetti dell'architettura e non saperi altri, chiamati a intervenire secondo artificiose gerarchie nella definizione dell'abitare.

Dimenticare i principi primi dell'architettura degrada il costruire a un semplice servizio tecnico. In questo modo si elimina la straordinaria narrazione umana che è l'abitare, vale a dire una riscrittura ispirata del mondo che ha consentito e consente a ciascuno di noi non solo di sopravvivere ma anche di dare al mondo stesso una nuova immagine. I fenomeni negativi che le attività umane hanno prodotto, soprattutto negli ultimi due secoli, a seguito della rivoluzione industriale, non possono essere risarciti da interventi in accordo con la natura se non restituendo all'abitare il suo senso più ampio, complesso, autentico.

Un'altra questione da risolvere riguarda l'idea di bellezza, da qualche secolo diversa dalla *venustas* vitruviana, ma sempre forma come rappresentazione poetica del costruire. Negli ultimi anni la bellezza moderna, ricercata e spesso conferita alle loro opere dagli architetti del Novecento – penso a Giuseppe Terragni, Adalberto Libera, Luigi Moretti, Carlo Scarpa, ma i nomi da ricordare sarebbero molti –, è stata per un verso dimenticata o volutamente accantonata, per l'altro ridotta a vantaggio di imitazioni improprie delle arti figurative. È il caso delle *archisculture*, che imitano le ricerche plastiche delle avanguardie, nell'impossibile tentativo di trasferirle nel costruire e negli involucri, riproponendo così tessiture di matrice pittorica nelle architetture le cui superfici sono «campiture calligrafiche», dall'eventuale valore solo decorativo.

La bellezza architettonica consiste nel modo in cui è espressa la verità di una relazione armonica di necessità tra la tettonica e l'architettura. Una necessità non solo logica, ma in primo luogo artistica, nel senso che essa fa sì che un edificio sia ciò che deve essere. Un essere che si compie organicamente in un'essenzialità compositiva trascendente il suo contenuto intellettuale, aprendo al mondo dello spirito. La riscoperta e la riaffermazione dell'architettura come un'arte coinvolgono anche la stagione attuale, dominata dalla contaminazione tra intenzioni formali diverse, dal brutto come dal bello, da un non finito casuale, dall'esasperata ricerca di un'unicità espressiva spinta fino al paradosso, dalla tendenza a una virtualità immateriale.

La bellezza architettonica può essere intesa come esito di qualcosa di «ben fatto», eseguito bene, dotato di una logica costruttiva riconoscibile e di un rapporto tra l'armonia e la disarmonia prestabilita. Un altro modo di concepire la bellezza consiste, seguendo l'idea di architettura di Le Corbusier, nel conferire al volume un'identità plastica che non derivi dall'imitazione dell'arte scultorea, ma che rappresenti la dialettica tra la spazialità interna e lo spazio esterno, una dialettica che solo l'architettura può attivare, rendendola operante attraverso la musicale presenza della luce e dell'ombra. Un terzo modo è quello che anima le opere di Ludwig Mies van der Rohe, nel quale la tecnica costruttiva non solo è ammirevole, ma soprattutto idealizzata. Più che mostrare se stessa, la perfetta orditura strutturale si trasforma in una sua rappresentazione sublimata. Va anche detto che la bellezza di un edificio, come quella di un quadro o di una sinfonia, ha sempre in sé qualcosa di inarrivabile, di misterioso, di indescrivibile, che ci inquieta nel momento stesso in cui ci rivela di essere stata sempre in noi.

Negli ultimi anni ho riflettuto molto anche sul continuo ampliamento del campo tematico dell'architettura, aggiornato con una progressione talmente veloce da produrre disorientamento. Le problematiche sociali, ambientali, climatiche, biologiche e comunicative cambiano incessantemente l'idea di architettura rendendola instabile, talmente metamorfica da divenire pressoché incomprensibile. La letteratura, le arti figurative, il cinema, la musica, il teatro vivono, come l'architettura, le trasformazioni sociali e culturali, delle quali sono una testimonianza e una memoria, ma non si preoccupano di ridefinire di volta in volta la loro essenza, i rispettivi linguaggi nella loro realtà costitutiva e nelle finalità alle quali tendono.

La presenza della *crisi* come aspetto endemico dell'architettura, che dura da più di un secolo, è aggravata così dalla sua continua espansione, che ci accompagna dalle avanguardie fino a oggi, ampliando i confini dell'arte del costruire e, nello stesso tempo, spingendo gli architetti verso un gratuito stilismo soggettivo come risposta individuale a un fenomeno che dovrebbe invece coinvolgere in modo più consapevole la loro comunità.

Qualsiasi cosa accada, il giorno dopo la maggioranza degli architetti pensa che ciò che è successo debba essere motivo di inclusione delle sue cause nel sapere del costruire. In una sorta di «ossessione estensiva», libri su libri continuano a rendere sempre più dilatato ma anche evanescente il perimetro dell'architettura, e inoperanti i suoi principi primi. L'incremento costante del nostro sapere, che esalta oltre il dovuto l'interdisciplinarietà riducendo sensibilmente, se non negandola del tutto, l'autonomia dell'architettura, sta per quanto detto minando alla base il mestiere dell'architetto. È quindi urgente tentare di ridelineare accuratamente, e con orientamenti concettuali corretti, il campo tematico, riportandolo ai suoi reali confini, per impedire che si dissolva definitivamente.

In questa operazione ricostruttiva va anche tenuto conto del fatto che, nel ritrovare i contenuti più autentici e invarianti nell'architettura, il digitale può dare sicuramente un aiuto, ma a patto che non lo si consideri destinato a risolvere con la sua «intelligenza artificiale» qualsiasi problema, proponendo illusoriamente una nuova e superiore concezione del vivere. La mente umana, con l'immaginazione, la costanza, i desideri, è e sarà sempre la fonte della nostra conoscenza e delle conseguenti scelte sul futuro che si trasformeranno in azioni concrete. Il digitale ci aiuterà senz'altro in questa direzione, ma spetterà a noi dare vita a un abitare più accogliente, in accordo con la natura, denso di prospettive positive che dovranno prevalere sugli aspetti negativi.

Un carattere non positivo della rivoluzione digitale è la velocità con la quale procede. Sono convinto dell'inevitabilità dei cambiamenti che il digitale sta producendo, ma sono altrettanto sicuro che occorrerebbe evitare che esso elimini, con una drammatica rapidità, mestieri e attività culturali che per secoli o da sempre accompagnano la nostra vita. Anche la comunicazione in rete, che ha dato a moltitudini incalcolabili di individui la possibilità di esprimersi, è soggetta a quelle disfunzioni messe in evidenza da Umberto Eco molti anni fa. La ricerca della verità e la volontà di fuoriuscire dall'anonimato che animano i social e i nuovi strumenti di informazione non possono tradursi in notizie false o in illusorie mitologie. Ciò vale anche per l'architettura, nella quale prevale oggi, nelle riviste e in rete, una propensione alla celebrazione e non a una loro lettura critica. Insieme alla vertiginosa progressione del digitale, che andrebbe programmata con tempi non distruttivi, che consentano di prepararci a nuovi scenari di vita, la comunicazione si è ridotta in gran parte a un inaccettabile consumismo delle notizie.

Richiamandomi all'«ottimismo della volontà» di Gramsci, sono convinto che si riuscirà comunque a trovare una risposta a queste difficili questioni, anche e soprattutto con il lavoro dei giovani architetti e degli studenti delle nostre facoltà di Architettura.

RINGRAZIAMENTI

Un sentito ringraziamento a Cherubino Gambardella e a Luca Molinari per avermi proposto di descrivere questo mio attuale percorso nell'architettura. Mi hanno fatto vivere un'esperienza importante, attraverso la quale ho riassunto e reso più precise le mie convinzioni.

Ringrazio Ilia Celiento per l'accurato e rapido avvio della registrazione dei miei interventi, Monica Manicone per aver riletto con attenzione i testi, Laura Thermes, con la quale condivido da tanti anni la vita e le idee sul nostro mestiere, e soprattutto gli studenti, che mi hanno seguito con continuità e con interesse nel mio cammino attraverso un «paesaggio di idee» molto vasto, nonché per sua natura «complesso e contraddittorio», rievocando il titolo di un celebre libro di Robert Venturi. Sono infine grato a Teresa Ianni, collaboratrice storica del nostro studio, che mi ha sostenuto con molta attenzione e amichevole pazienza nella lunga messa a punto e nella trascrizione digitale dei miei manoscritti riguardanti cinque segmenti di un itinerario che è stato a volte impervio e faticoso, ma anche denso di momenti inattesi e coinvolgenti.

INDICE DEI NOMI

INDICE

Stampato da
Grafica Veneta s.p.a., Trebaseleghe (PD)
per conto di Marsilio Editori® in Venezia

EDIZIONE	ANNO
10 9 8 7 6 5 4 3 2 1	2022 2023 2024 2025 2026